人を動かす設計術

香山壽夫

王国社

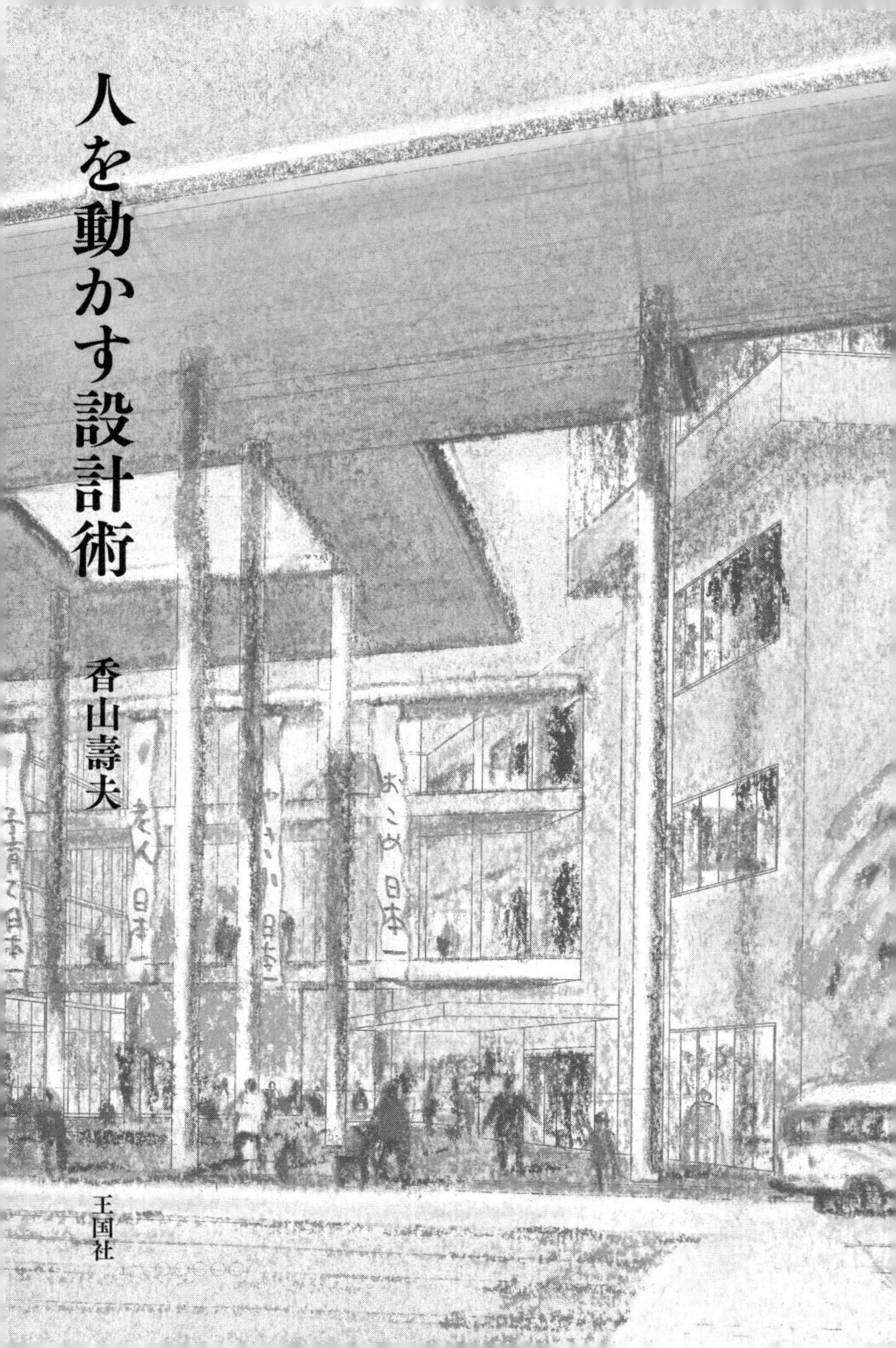

目次

I

I

言葉としての建築

語りかける建築と叫び立てる建築

建築は、それぞれのはたらき、すなわち役割、を持っているだけでなく、その意味を、すなわちそれが何であるかを語りかけ表現している。家族の住む住居、物を売り買いする商店、子供が集まって学ぶ学校、お祈りをするお寺や教会堂。皆それぞれのはたらきを示すかたちを持っている。住みなれた自分の町、憶い出すなつかしい村は、そういうかたちによって、つくられている。そのかたちは、本来その示している意味が、誰にとってもわかり易く、明快なものだ。だから子供は、お絵描き帖にすぐに自分のお家の絵を画けるし、老人の夢の中に、故郷の町の姿は鮮明に現われる。

言葉も通じぬ見知らぬ国を訪れても、宿に荷物を置いて、先ず町を一回り出来るのは、建築のかたちの示す意味、それが集まっている通りの意味が、基本的に理解できるからだ。イタリヤの丘の町を訪れれば、その石の空間に驚きつつも、道は迷うことなく、教会の広場、市庁舎の広場へと導いてくれたし、イギリスの大学町を訪れれば、カレッジの建物と町の建物の混在に面喰っても、講堂とパブ（居酒屋）を見まちがえることはない。理解できた、というだけではなく、親しみを覚え、なつかしさまで感じられたのは、そのかたちに私達人間全体に通じる、ある共通性、普遍性があったからだといっていいだろう。そうであるからこそ、旅は、未知との出会いであると同時に、既知の再発見となり、驚きと共に、なつかしさの重なるものとなる。

ところが、近頃の建築、そしてそれによって作り出される都市の表情は違ってきた。高層の建物が林立する。その高層建物は、近代初期の摩天楼のように一本がそびえ立つのではなく、林のように密集して、そのかたまり全体が都市のシルエットをつくり出している。ひとつひとつの建物のかたちは、様々だ。一九六〇年代の高層建物が、ミース流のガラスの箱形であったのとは変って、今日のそれは、尖ったり、丸くなったり、さらには、斜めになったり、ねじれたり、あげくの果ては渦巻いたり、千変万化している。そしてその足下の空地には、奇妙なかたちの建物群がのたくっている。そうでありながら、その全体の印象は、驚く程一様だ。一寸見ただけでは、それが香港なのか上海なのか、シンガポールなのか、あるいは金持ちのアラブの都市なのか、見わけがつかない。

こうした都市風景の出現は、新興国だけではない。欧米諸都市においても、旧都市部は別にして、新都心部、たとえば、パリのデファンス地区とか、ロンドンのドック地区等は、同じようなものとなっている。日本も似たようなものだ。六本木、青山地区に続いて、間もなく渋谷が、その代表となる気配だ。

こうした都市をつくり上げている建物に共通なひとつの特徴は、それが何の建物であるか、一寸見ただけではわからないということだ。実際にそれらは、事務所であったり、住居であったり、ホテルであったり、多様多種だ。店舗の上に病院がのりその上に、大学がのり、一番上がカジノであったりする。すなわちもともと外に向かって、それらを表わすことは不可能なのだ。はじめからビルの企画者も、設計者もその気はない。箱は包み紙、中身は中身というわけだ。

中身を表に示すという任務から解き放たれた包み紙としての建築は、勝手きままに、より強く自分自身を主張しようとする。互に、他より強く自分を目立たせようとして、競い合う。他より目立つ、ただそのために、今日の建物の表層の表現は、多様なものとなっている。多様というよりは、雑多なものとなっている。初期の高層建築の外装が、ガラスと金属であったのに対し、今日では、石、木、陶板、プラスチック、更には紙、等々様々な素材が用いられ、その上、それらの素材は、時には切り刻まれ、ねじ曲げられ、折り曲げられ、重ねられ、少しでも目新しい効果を求めて、加工される。その結果、建物は、語りかけるというよりは、むしろ、叫び立てるものとなる。より大きい声を出さんとして、がなり立てるものとなる。

そのがなり立てる声は、ただ大きいだけで何を言っているのかわからない。他より目立ちたいことが第一であれば、自ら結果はそうなる。人混みの中で、ただ目立って注目を集めたいだけの理由で、突然大きな奇声を発する若者の姿に似ている。今日の都市の姿は、そのような、巨大な叫び声、意味のわからない奇声の集積と化しつつある。

建築という言葉

建築は、意味を表わす形式であるという点で、言語に似ている。いや、ひとつの言語といってもいいだろう。単語に相当する部分をもち、そして全体を統合する文法、すなわち構成の形式をもっている。そしてその体系は、文化の発展と共に、深化し洗練され、その意味、表現内容を豊かにしてきた。それが、「建築様式」である。ひとつの文化は、固有の言語を持つと同じように、ひとつの固有の建築様式を持っている。ひとつの文化は、その言語を育てることによって形成されるように、その様式を育てることによって形成されてきた。考古学者であり、原始美術の研究者でもあるアンドレ＝ルロワ・グーランは、「人間は、言葉を用いることによってだけでなく、物を作ることによって（特に建築をつくることによって）人間となった」と述べているのは、このことである。

このように、建築は、ひとつの言葉である。この言葉によって、人間は共同体をつくり、都市を築き、文明を育ててきた。一般言語と同じく、建築言語も、ひとつの人間集団の中で共有され、その内容は豊かになり、形式は成熟していく。この形式化され、成熟したものが「建築様式」と呼ばれるものである。ある建築様式が用いられる人間集団の広がりは、様々であって、それは一般言語と同じである。ある特殊な小さい集団の中で用いられる様式もあれば、広くいくつもの集団に共通に用いられるものもある。

たとえば「ゴシック様式」は十二世紀末、フランスの一地方で生まれた様式であるが、十三世紀の終わりには、広く西ヨーロッパ各地に広まった。しかしフランスとイギリスで、はっきりした違いがあった。身近な例でいえば、「町屋」の形式は江戸時代の諸都市をつくり上げた共通の形式であるが、「表格子」だけでも、その地域がわかるように、地域毎の特徴が異なっている。こうした地域毎の特徴のあることが、その地域の固有性・一体性をつくり上げてきた。建築の、社会的芸術としての大きいはたらきは、まさにここにあると言えよう。

様式は、常により広い広がり、すなわち普遍性をめざして、その形式を体系化しようとする。

体系化は、その意味・内容を豊富化すると共に、その理解・学習を容易にする。そのようにして確立された様式の代表的な例は十七世紀から十八世紀主としてフランスにおいて確立された「古典様式（classical style）である。十五世紀ルネサンスを経て、再興された古代ローマ様式を、フランス国家の正統な様式としてその正しい形態要素、（すなわち言葉でいうなら単語）と、正しい構成形式（すなわち文法）を確立したもので、それを定める国家的制度として「王立美術院（アカデミー・デ・ボザール）が、そして教育制度として「美術学校（エコール・デ・ボザール）が設立された。このようにして権威と普遍性を保った「古典様式」は、西欧諸国家の中心都市をつくり上げる基本様式となって今日に存続している。

正しく明快に話し書く能力と同様に、建築様式を正しく理解し、適切に使用できることは、重要なこととされてきた。市民・町民の共通の美意識、共通の様式感覚がなければ、都市の秩序も、生活の秩序も生まれないからである。従って、フランスにおいては「良き趣味（ボン・サンス）」は良き市民であることの条件とされたし、イギリスにおいて「正しい美的判断力（すなわち"taste"）を持つことは紳士たるもの必須条件とされた。従って、カレッジにおける教育においては、ラテン語を学ぶと同様に「古典様式」を学ぶことが必須であり、その総仕上げとして、イタリヤで古典建築を実地に見学する「グランド・ツアー」が行われたのも、その理由だった。

日本においても、「書院造」「数奇屋造」あるいは「流」、「風」といった言い方、判断が重視されたのも、それに通じる趣味判断の社会的重要性を示している。古くは徒然草において、兼好法師が、古くからの様式を大切にすることを賞讃する一方で、新しく奇抜な唐風をもてはやすことを軽薄な見識としていましめていることも、このことに通じるものと言えよう。

良き言葉と同じく、良き建築様式（趣味）は、社会の基本である。その保護と育成は、従って、公共の中心課題であった。というよりも、その保護・育成の努力の内に、文化の固有性は形成されてきたといった方がいい。

言語の問題はここではさて置き、建築については、二十世紀のモダニズムは、その言語である様式を破壊した。様式は、言語と同じく、常に変化している。それはいかなる時代においても然りである。二十世紀の初頭における変化が、破壊と呼ばれなければならないのは、ここにおいては、それまでの連続が絶たれたからである。むしろ、断ち切ること、そのことが目標とされたのが、二十世紀の芸術・建築の革新運動であった。二十世紀における社会全体の大きな変化によって引きおこされたものであったことは、ここで改めて述べる必要はないだろう。ここで注目したいのは、その機に際し、建築家達は、その状況の中で、連続の方法を探ることよりは、むしろその中において、伝統や慣習と断絶することに熱中したのであった。（勿論、全ての建築家がそうだったと言うことはできない。大勢に抗した人々もいたことは確かだ。しかしモダニズムの荒れ狂う流れは、それらを全て流し去った。）

モダニズムが、敵とみなして戦ったのは旧来の様式、特に「古典様式」であった。「古典様式」を粉砕するのには確かに成功したが、モダニズムがそれに変る新しい様式になり得たかというと、決してそうではない。なぜなら、「モダニズム」は、「様式」と呼ばれるための必要条件である「体系」を確立できなかったからである。そしてその「体系」を保護育成するための、教育と権威の制度、すなわちアカデミズム、も作り出していなかったからである。

それもそのはず、モダニズムの運動は、何よりも、権威の否定そのこと自体に価値をおいていたのであるから、自らがそれを作り得る素地は無かったからである。（ミース、ライトの仕事の中には、僅かではあるが、体系を指向する動きが無かったわけではない。しかしここではそのことに踏みこむことは避けておく。）

ということで、モダニズムは、留まることない変転の道を突き進むしかなくなった。基準・規範の無いところでは、人は刺激的な変化を求め、新奇を競うしかない。今日の世界の大都市の、大声で叫び立て、騒ぎ立てる様相はこのようにして生まれてきたのである。

幼児語に回帰する建築

「フワフワ」とした、雲みたいな、軽くて境界のはっきりしないかたちをつくりたい。「クニャクニャ」と連続しながら、生きもののように、動き、続く空間をつくりたい。あるいは「ツルツル」とした表面、「グシャグシャ」した壁面で、人を包みたい。いずれも、この数年、話題になった建築作品の説明の文章であるが、実現した建物も、実際にふわふわ柔らかいものになっていなくとも、それらしいかたちになっている。それは、木や石といった重さのある物体を、重力に抗して、建て築く、という古来の建築とどこか大きく違った表情を持つことになるので、そのことだけで、ある種の人目を引く効果を生み出していることは確かだ。

今日、世界的建築家と呼ばれて、世界各地に奇抜な建物を建てている建築家の作品は、大体、この種のものであることが多い。ひとつ例をあげるなら、東京オリンピックのメイン会場となる国立競技場の第一回のコンペで、一等当選後に破棄とされた、ザハ・ハディド案であろうか。うねうねと波打つ、軟体動物のような物体が、夕暮れの東京のスカイラインの上に浮いて幻しげに光っている。人目を惹く形であることは確かだ。「インパクトがある」、この一語で審査員達はこの案を選び、その後、疑問・反対の声があがってからも、この案を擁護する理由としてこの「インパクト」なる言葉が繰り返された。実際にこの案の価値は、「インパクト」すなわち、人を驚かすことにあった、というよりそれしか無かった。すぐに明らかになったことであったが、計画は予定の敷地から大きくはみ出して、鉄道線路の反対側にまで達し、構造形式は合理性を欠いて、予算を倍するコストが必要なものであった。不合理なだけでなく、この巨大な構造物の下の空間、すなわち競技場は、高架橋の下の如き惨めな空間で、スポーツの喜びからは程遠いものだった。それでも、この案の破棄に反対した人もいたし、今でも、あの案が好きだったと言う人もいる。奇抜な案を求める声は常にあるのである。これが今日の状況である。

若者達は、こういう状況に敏感に反応している。建築学生の計画案には、こうした傾向のかたちが氾濫している。勿論、全部ではないが、大半はそうだと言っていいだろう。特徴的なことは、計画案にふわふわ、ぐにゃぐにゃした形が用いられているだけでなく、説明する文章にも、「キョロキョロ」とか「ボソボソ」とかいった「幼児語」「擬音語」が多用されていることだ。

幼児語、擬音語、すなわち「オノマトペーア（Onomatoepeia）」を用いるには、理論や文章の修練はいらない。建築表現においても同様で、様式の理解や修練はいらない。誰でも使えて、それなりの印象、インパクトを作り出すことができる。あるいは、むしろ、そのような知識、教養は邪魔で、無い方がいい、といった状況が生まれてくる。こうした状況をどうとらえるべきなのだろうか。大きな避けられない動きのひとつの現れなのかもしれない。そう考えると、スマホのラインでの通信にも、スタンプを用いた会話が広く用いられている。専門の建築家の中にも、自分の手法はまさに「オノマトペ」だと言いきっている人もいる。こうした傾向の造形は、建築空間全体を造形するのではなく、表面の造形に終始している場合が多い。すなわちこれまでの総合的に人間の行為・行動から、敷地の条件、構造形式・維持管理といった諸問題を扱うことが建築家の職能だとする常識が必ずしも通用しなくなっているのである。

幼児語、擬音語そのものが悪いわけではない。悪いどころか、言葉は、そもそも、そこから生まれ、育ってきたのだ。日常の生活の中でも欠くことはできない。幼児の叫び声は家族の団欒を賑やかにするし、若者の掛声がなければお祭りは盛り上るまい。巧みな声音、物まねは話を生き生きさせる。

都市空間においても同じことが言える。いかなる社会、共同体においても、日常の秩序から逸脱した時間・空間が用意されている。たとえばお祭り、祝祭(フェスティバル)がそれだ。そこには、普段には見られない奇抜な装置、造作が組み上げられ、通常は許されない無礼講も認められる。

しかしお祭りは、必ず終わらねばならない。お祭りが過ぎた後に、片付け忘れて残った飾りものは、まことにわびしく薄汚いものだ。終わりのある限られたものであるからこそ、お祭りは華やかで人の心に響くのだ。ましてや、日常の町並みが、お祭りの山車やおみこしのように作り上げられては、そこで私達はどのように暮らせばいいのか。

幼い児の可愛い声についても同じだ。場所をわきまえぬ騒ぎ声は不快で、年齢をわきまえぬ稚拙な物言いが耳ざわりなのと同じである。しかし、テレビのトークショウなどで芸人達が乱発しているのはこの種のもの言いなのだ。

この物事のわきまえが共通に存在していることで、共同体は成り立っている。何が良く、何が悪いか、何が美しく何が美しくないかという価値観は、共通の経験の中で、長い時間をかけて形成されるものなのである。すなわち慣習がそれである。その慣習を、無意識的なものから、意識的なものに洗練し組織立てたものが伝統である。すなわち伝統とは、共通の価値の体系化であり、その体系の根幹が教育というものである。近代の学校教育に限らず、親が子をしつける、老人が若者をたしなめる、これは社会を継続させる根本である。それ故に言葉の教育がいかなる社会においても大切とされてきたのである。しかし今日このことが、崩壊しつつある。文明自体が、終りつつあると断ずることは、簡単だ。しかし高度な技術を獲得した人類全体が、もう一度、原始・未開の状態に回帰して出現する社会とはいかなるものか、もはや、こうした問題を論ずること自体が無意味なこととしか思えなくなる。

建築に何が求められているのか

しかし、改めて、現実の社会を正視してみれば、こうした今日の建築の姿に不満を持っている人は多い。不満どころか、怒りの声を挙げている人も沢山いる。建築家として、住民や市民の集まりに出ると、「奇抜な建物は作らないで下さい」、「建築家のひとりよがりはやめて下さい。」「私達の町にふさわしい建物を作って下さい」といった抗議あるいは叱責に近い言葉を投げつけられることも多い。

古い建物、あるいは昔からの町並みの保存に関心を持ち、そのための活動に取り組んでいる人の多いことに驚く。市民向けの講演会を行うに際しては、殆んどの場合、町並みの保存に関わるテーマが求められる。それだけではない。建築ジャーナリズムの上にはほとんど登場することはないのだが、それぞれの地域で、地道に地域の問題に取り組んでいる建築家に出会って、感心することも多い。

若い建築学生のプロジェクトや研究テーマにも、実は、古い町並みや、集落、あるいはそこにおける伝統的生活といったものについてのものも多い。先程、「幼児語建築」への傾きの多いことを述べたけれども、決してそれが全体ではない。残りの半分は、保存、伝統への関心だと言ってもいい。建築学生の勉強・修行に旅行は欠かせないが、その行く先も、最新の建物だけではなく、残りの半分は古建築なのだ。

新奇な建物をもてはやす人達も、よく観察してみると、心から満足しているわけではないことに気付く。その証拠は、すぐにそうした建物に飽きて、更なる新奇なものに移っていくことだ。そしてそれを繰り返しつつその心は更にいらだち、落ち着かないものになっていく。その人達の不幸は、自分が何を求めているのか、自分でもわからないところにある。それは渇きを癒さんとして飲み、ますます渇く人に似ている。

現在の人々を苦しめている飢え、渇きが、多くの要因から生じていることは、確かだろう。それを分析し批判することは、私の力の及ばないことである。しかし、そうであっても、はっきりしてくることがある。それは、建築とは人にとって何であるのか、人はなぜ建築が必要なのかという古来からの基本問題である。

その答は、単純なことだ。人と人をつなぎ、時と時をつなぐものとして、建築は在り、人はそういう建築を作ってきたということに他ならない。それが建築のなすべきはたらきであり、人が建築に求めることだ。

このことを考えるならば、建築が、人と人のつながり、すなわち地域や共同体、そして今と昔のつながり、すなわち伝統や歴史、を保ち強めていく大きなはたらきをしていることに、改めて自覚せざるを得ない。そのような建築のはたらきを、人々が今日改めて求めはじめている事実をしっかりと受けとめることが建築家に求められているのではないか。

グローバライゼーション。これは世界的にひろがった経済、金融の仕組みが、世界を一様に覆っていくことに他ならない。これを単純に拡大、延長して人間の文化がひとつになり、価値観も同じになることと取り違えることは、大きな誤りだ。むしろ多くの人が、そのような表面的な均質化が、私達ひとりひとりの生活を支配することに、不安といらだちを感じている。私達ひとりひとりでは、どうしようもないこの大きな、そして不安定な動きの中で、安定と落着きを与えるよりどころは何か、それがわが町であり、わが建築なのである。

そのことに気付くと「幼児語」建築が、人々の日常の生活の多様性と個性、そしてそれを支えている伝統や習慣は、むしろ厄介な余計ものとして切り捨てて、新興都市の高層ビル、あるいはその足下に起伏する美術館の表面だけを装う衣装となっていることに納得もいく。国際経済や金融に用いられる言語が、豊かな思想や繊細な感情は切り捨て、交渉、契約に便利なサイン言語、あるいは「イングリッシュ」ならぬ「グロービッシュ」となっていることに平行した事象なのだ。

このようにして今世界を一律に覆いつつある動きに対応し、そこで面白おかしく踊ることこそが、建築の仕事だと思う人もいるだろう。それも求められているひとつの動きかもしれない。

しかしそうなればこそ、このようにして出現する均一で多様性を欠き表面的で内面空虚な世界に、抗して立つ建築もますます必要なのである。

人を動かし、時と時を結びつける建築は可能か

では、上っ面の建築ではなく、人と人をつなぎ、時と時を結び、私達の日常の生活を支える建築を私達はどのような考えに立ってつくっていくべきなのであろうか。一時のお祭り騒ぎのためのものではなく、平凡な毎日を豊かに美しく支える建築は、どのような理念の上で生まれてくるのであろうか。設計者であれば、誰しも、それぞれの仕事の中で、建築に向い合う時、自ら生ずる姿勢、態度、といった方がいいかもしれない。六十年間、私なりに歩んできた道を振り返ってみると、次のような原則が浮かび上がってくる。

第一の原則／人間的尺度（ヒューマン・スケール）で作ること。大き過ぎてはいけない、といって細かすぎてもいけない。人間の体の寸法、力、そして生命は、人によって多少の差はあるといったって古来、そんなに違うものではない。従って、それからあまりかけ離れた尺度を建築に与えてはいけない。

第二の原則／場所の特性に応じて作ること。場所（プレイス）の特性とは、地形、自然、そ

こに住む人、そして住み続けた人の特性の集積によってつくられているものである。抽象的理念あるいは観念(たとえば、科学技術や、グローバルな経済システム等)は、場所の特性を鮮明にする方向においてのみ有効性が発揮されるべきである。

第三の原則/人と人のつながりを、段階的にかつ調和をもって作り上げること。人と人のつながりは、最も身近な、家族、近隣から始まって、段階的に、大きく広がっている。建築の空間はすなわちそれをつくり出す「囲い」は、それに対応した諧調をもって構成されていなくてはいけない。

第四の原則/建築は時(現在)と時(過去と未来)を結ぶ力を持っていなくてはいけない。それは、人間が集団で持つ価値観・美意識とは、そのような時の連続の中で作られたもの(すなわち、習慣・伝統)に他ならないからであり、それこそが人間と人間を結びつけ、共同体をつくり上げている根本だからである。

第五の原則/多様な機能の複合された、多様な空間を作り出すこと。言いかえれば、単一で均質な空間を作らないこと。近代の工業化社会が、機能の分化によって、効率化を計ってきたが故に、これは特に今日強調されねばならない。ひとつの建築の内において、また都市の区画毎に、そこで可能な、様々な複合化多様化が探られねばならない。

こう書きあげてみれば、これらは全て、まともな建築家なら、誰でも考えている、あたりまえのことがらである。振り返ってみればすべて近代の建築・都市設計の歴史の中で、繰り返し、様々なかたちで、主張されてきたものとも言える。用語や、項目の立て方には多少違いがあっても、基本は全て共通している。

すでに十九世紀の末、産業社会の問題に気付いて、新しい都市を建設したフランス、イギリスの産業資本家達の試みを、理論的にまとめ上げ「レッチワース・庭園都市」を建設したエベネッツア・ハワードの理念がそうである。自然と都市を近接させ、親しみやすい伝統的形式で建築をつくる、というハワードの理念は続いて、ヨーロッパ各地、そしてアメリカで数多くの庭園都市を生み出した。モダニズムの主流からは、ひとり離れて、アメリカ中西部に根を下し、「ブロード・エーカー・シティ」を計画した、フランク・ロイド・ライトの理念も、この流れのひとつとみていいだろう。しかし残念ながら、コルビュジエ一辺倒の日本のモダニズムはこうした動きに関心を示すことはなかったのである。

大戦後、ヨーロッパにおいても、モダニズム建築は主流となり、巨大なスケールと無表情な細部を持つ建築群を生み出したが、これに早くも一九八〇年、攻撃の矢を放ったのが、イギリスのチャールズ皇太子であった。彼は数多くの論争あるいは講演さらには、新都市「パウンズベリー」の建設という実践を通じてその考えを練り上げ、一九八八年に「十原則」をまとめ上げた。これも、この伝統を守り育てようとする流れの中にあるものである。

アメリカで一九八〇年代に始まった「ニュー・アバニズム」の理念も、この動きにつながっている。「ニュー・アバニズム」は、「主義」や「原則」としてまとめられたのは、後のことで、始めはフロリダの海岸沿いの小さなコミュニティの建設として始まったものであるが、「このモダンで、古典的で、伝統的美徳」のある姿（チャールズ皇太子の賛辞）」に最初注目したのは、建築ジャーナリズムではなく一般雑誌であったことも、今日の建築批評の偏向を示していて興味深い。

こうした事例は、取り上げればまだまだあるが、それは別に稿を改めるべきことであろう。しかし、最後に述べておかねばならないのは、クリストファ・アレグザンダーの思考である。数学者として出発した彼は、数学を建築理論に応用せんとする実践の内において、数学という言語が、精密であっても貧困で、建築・人間という複雑で多様な世界を扱うにはあまりにも不適切であることを自覚し、一転して、形（パタン）の研究に没頭した。すなわち、伝統的な形の中に、人間と空間の関わりを見出すことに集中したのである。一九七七年の著作「かたちことば（A Pattern Language）」は、その具体で生き生きとした観察の記録と整理であり、それは二年後の「時を超えた建築術（The Timeless Way of Building）」という、さらに深くむしろ宗教的とも言うべき思索となった。時のつながり、時の流れの内において行動し、思索すること。これは確かに、建築に関るものの永遠に変ることない根本的姿勢に他なるまい。

私達の日常を支え、それに平安と落ち着きをもたらす建築は、このような理念から生み出される。伝統と慣習によって、私達の生活が支えられている以上、このことは、当然のことなのだ。人を動かし、共感をつくり出し、共に生きる社会をつくり出す建築は、その理念の上に立たずして生み出すことは出来ない。

しかし、原則の機械的な適用は、陳腐を生み、研鑽なき伝統は、凡庸となることも同時に自覚されねばならぬ。伝統とは、絶えず新しくされてこそ眞の伝統であると同じく、理念、原則は、常に見直され、把え直されてこそ、創造の力となる。驚きの感覚（sence of wonder）とは、これまであったもの、すなわち過去より運びもたらされたもの（tradition）が、新しく見直され、復興された時に生まれる。退屈は、伝統の反省なき反復から生まれるだけでなく、目先だけの珍奇、異形の本性に他ならない。伝統を保守する精神を、怠惰で鈍重なものと考えることは、全くの誤りである。それは、実は困難で、それ故に興奮に満ちたものであることを知らねばならぬ。怠惰な姿勢、鈍重な精神とは、正に流行の上で踊る者のことに他ならない。

故に、作る行為が、伝統の再発見である以上、それは、微妙な均衡、平衡の上に辛くも成り立つ、綱渡りとなる。そしてここで又重要なことはその危険な綱は、理念・原則だけで渡ることはできないという点だ。綱の上に立つことまではできたとしても、それを渡るには、それだけでは不可能なのである。過去と未来の間に張り渡された、現在というこの細い綱を渡るには、経験と修練しかない。具体的な場所、今というこの時に応じて繰り返されてきた、自分しか出来ない方法の練磨しかない。思いつきの概念ではなく、体得した自分の手法しか、頼るものはないのだ。人を動かし、人と人をつなぎ、時と時を結びつける建築とは、原理・原則の上に立つ誠実な姿勢と、地道で忍耐強い修練の上に、はじめて生じるのである。

限界国家日本、建築で何ができるか

地方の衰退が言われるようになって久しい。シャッターの下りた通り、子供の遊ぶ姿の消えた町、雑草の生い繁る田畑、竹やぶと化した里山。この淋しく荒んだ風景に心を痛めているうちに、今度は東京が荒れてきた。ただこちらは、繁栄の上での荒れ方だから、淋しいというよりは、心がいらだつ。

渋谷、新宿はもともと、ひとつの町としてのまとまりがない。従って歩いていて楽しさが感じられないところだが、それが近頃様々な衣装を着せられた高層ビルが林立して益々、何が何だかわからなくなってきた。仕方なく、地下にもぐって歩こうとすると、そこは、更に恐るべき混乱の巷になっている。そこに比べると銀座、日本橋の通りだけは、まだ良いな、と思っていたのだが、これがまたひどいことになってきた。ピカピカと明るくはなったのだが、大きなケースを引っ張った集団が闊歩して、休日の「銀ブラ」などとんでもない。それでも一度は

「ＧＩＮＺＡ・ＳＩＸ」には勇をこして入ってみたが、二階へ上るエスカレーターの前で逃げ帰った。どこもかしこも漢字ならぬ不可解な中国字で溢れている。

東京だけではない。京都には、仕事で行った時も、必ずひとつふたつお寺に立ち寄ることを楽しみとしてきたが、これが近頃ままならない。京都会館の現場の近くだからよく行った南禅寺や永観堂などは、人混みで入れないどころか近づくことさえ難しくなった。では日が沈んだ後なら静かかと思うや、とんでもない。昨秋高台寺にいって驚いた。苔の庭や、池の面いっぱいに、賑やかな光のショウをやっている。大喜びしている観光客もいるが、これが宗教施設のありかたなのかと泣きたくなった。

身近なところでも、様々な問題が、おこっている。私の住んでいる東京の谷中は、江戸の昔から坂の上の寺町と屋敷町、その下の商人・職人町の混り合う地域で、戦災にもあわなかったせいか、古い佇ずまいが残っている。何も特別なものがあるわけでないが、その何もないところに良さもあるのだろう。以前から東大に来る学者や研究者でここを定宿としていた人も居たし、休日の散歩道と決めていた人も多かった。それは嬉しいことであった。家の前を掃いていると、見知らぬ人が挨拶してくれて、立話しを交したりすることも稀ではない。ところが、近頃のように、観光客が急増すると、庭先の植込みはゴミ捨てと化すし、坂下の昔ながらの狭い商店街は、混雑だけでない、立ち食いの人、写真撮る人で地元の人の買い物はままならず、気が付くといつの間にか、昔なじみの店は消えて、観光客相手に変っている。住んでいる人が寄りつかない町からは、やがて観光客の姿も消えていくに違いない。

政府の主導する「観光立国」とは、「観光亡国」に他ならないと、慧眼の日本文化研究者であるアレックス・カーは言うが、まさにその通りだ、と思わざるを得ない。しかし、同じことは、ヴェネチアでも、バルセロナでも問題になっていることのようで、この状況が大きくは、世界的な経済、社会情勢からおこっているのならば、私達建築家になにもなすべき手はない。それに上乗りして踊るか、あるいは、しかめっ面で黙りこむか。

問題は過疎地の限界集落だけではないのだ。国というもの自体が、わけのわからない限界に到達しているのではないか。グローバライゼーションとはそのことなのか。

そう思うようになって、たまたま地方の中小の都市で、同時に公共施設の設計に取り組むようになったことで、改めて、見直してみると、荒れたとはいえ、地方には、それぞれ固有の自然、独自の伝統が残っていることに気が付く。かつての勢は衰えたかもしれないが、といって枯れてしまってはいない。そのことがわかると、こちらも元気になる。それに加えて、個人や集団の様々な新しい動きが、あちこちで芽生えているのに気がつくようになった。いずれも小さいことだが、いずれも、光のある、手ごたえのある、やりがいのある動きだ。そのことを、しっかり見つめていく必要がある。必要というより、それを発見することは楽しく、ここにこそ何かやれることがあるのではないか、と強く思うようになった。

私がそう感じるだけでない。すでに、あちこちで、目立たなくても、様々なことに取り組んでいる人達がいる。それは私の目には、都心にそそり立つ高層ビルよりも、輝かしいものにみえる。

延岡市（宮崎県）——総合文化施設・「野口遵記念館」

この地を、「日向の国」とは、よく名付けたものだ。太平洋に向って大きく広がり、太陽を一杯に抱きかかえている。目の前に広がる海も、隣の大分では、島国日本の内海という感じだが、延岡まで来ると一挙に広がって、水平線の向うは、カリフォルニアだ、という感じになる。背後に山々が連なる。いかにも神話を生んだ国らしい神々しい力がある。遠くから仰ぎみていても、そうだが、中に分け入ってみれば、うっそうとした大樹の森、重なり合う岩石、その間を落ちる谷川のしぶきなど、その感は一層深い。海岸線に沿った鉄道を走ると、その山々から流下る幾筋もの川を横切っていくことになるが、それらの川が皆、神々しくかつまた明るい。冬には渡り鳥が数多く浮かび、その先が光る海だ。それらの川の二本が合流する地点にそびえる山の上に城が築かれ、その足下に展がったのが、江戸時代の延岡の町である。藩主内藤の良政の下、繁栄したが、今日に残っている建築で、見るべきものは、ない。町並と言えるものも残っていない。

江戸時代の延岡に代って、今日に続く近代の延岡を造ったのは、化学工業の旭化成である。創業者の野口遵《したがう》は、近代日本草創期の生んだ破格の技術者であり、実業家であった。彼は、この豊かな水と、明るく広がる平野に大産業を育む力があると見抜き、その結果延岡は、近代日本を代表する工業都市として生まれ変った。しかし、今日、その産業は健在といえ、シャッターの下りた中心街に昔日のにぎわいは無い。最近、駅舎が新しくなっても、そこを行き交う人の姿はまばらだ。率直に言って、町を歩いてみて格別の魅力も、活気も感じられない。五十年前、訪れた時は、もっと輝いていたな、と始め思ったのだが、そうではない。少し突っこんで関わるようになるといろいろなことがわかってくる。

先ず、プロポーザル案の説明審査会、市民に公開されて行われたのだが、その時こういうことがあった。私達の提案の説明が終ると、早速審査員のひとり、年配の女性だったが、手を挙げて「これです。こういう考え方の案です。こういうのが欲しかったんです」、明るい大きな声で発言した。勿論嬉しかったが、それより先に驚いた。長年こういう審査には臨んできたが、こんな大胆かつ積極的な発言を聞いたことはない。さすが九州だな、日向の国だな、と感心したのだが、後で知るとこの方、今村愛子女史、は長年、延岡で合唱の指導・指揮をやり、合唱団を率いて、何度かヨーロッパ・ツアーもされている方だった。声が通るだけでない。周囲を動かし育てる情熱がある。この地に音楽を育ててきた経験、情熱があり、そしてそれを支える人々の輪を育ててきたのである。

この方ひとりではない。延岡には、様々な市民の音楽活動がある。様々な年齢、様々なジャンルの活動が古くから活発に行われている。しかもそれは、近代に突然生まれたものではない。この基底には、藩政時代がある。今日でも様々な芸能文化がある。毎夏、城山の石垣を背景に演じられる薪能は、そのひとつだ。書き出せば、きりがないが、こうした様々な活動が、これからつくる文化施設を自分達のものとしたいという熱心な動きをつくり出している。

野口遵についても、ひとつの企業の創設者として記憶されるだけでなく、近代日本を築いた桁違いの洞察力と行動力を持った技術者として、もっと広く知られるべき大人物である。明治始めの帝国大学工科大学で、化学を学び、日本が西欧列強に伍して並び立つには、農業の自立が先ず基本であると見抜き、そのために科学肥料の国内生産を目指したが、そのために、電力が必要となれば、自ら日本各地を探索してダム建設の適地を求め、そこに水力発電所を築き、その上で、化学肥料工場を建設した。正に、ルネサンス的万能の人であり、理論家にして実務家であった。さらには、日本だけでの自立は不充分でアジア全体の近代化を目指し、朝鮮に渡って大規模な水力発電所を開いた。その卓抜な個性と業績を、改めて、今の世にこそ、広く世に知らしむべしとして、新たなる小学生用参考読本の発行、学習プログラム等、様々な動きが始まっている。この施設の中に計画している展示室もそのひとつである。この展示室は、よくある固定的な展示ではなく、活発な動きの出発点となるよう、様々な検討が進んでいる。

そうした様々な動きを、古くからの町の中心、城山のふもとにおいて、重ねあわせ結びあわせ、新たに統合された都市的な新しい動きとなれば、それは同時に古くからの都市の伝統を再生することになるに違いない。公共施設、すなわち「公け（＝おおやけ）の施設」とは、語源の意味が示す如く、「大きい家（＝おおや）」、すなわち、人々を集めつなぐ力を持つ大きい空間でなくてはならない。しかし、それは、単にひとつの建築単体で成し遂げるには、重すぎる課題かもしれない。しかし、その地に、すでにそういう力が潜んでいる以上、可能性はあるのだ。

「日向の海」（スケッチブックにコンテ、15㎝×18㎝）
延岡市の中心、愛宕山から東を見る。海岸沿いの町並みと光る海。

「城山と二本の川」（スケッチブックにコンテ、15㎝×18㎝）
同じく愛宕山から西を見る。市街地の先に神々しい山々。

延岡市総合文化施設「野口遵記念館」プロポーザル案（2018年）、パース（パステル）
城山を背に、市の中央通りの人の流れを誘いこむ光のかたまり。

京丹波町（京都府）——庁舎

京丹波町は、京都府の西南に位置する人口一万五千人程の町だ。京都の町から、山陰線で嵐山のトンネルを抜けて亀岡のおだやかな盆地を過ぎ、福知山盆地との境の、ゆるやかな山や谷の起伏する丹波の地に入るとそこがこの町の地域になる。おだやかな山林と農業の町だ。古くから、山陰地方と都を結ぶ街道がこの地を通り、それに沿っていくつもの宿場町が栄えた。またこの地の山林は良い木材を育て、都を築く木材の豊かな供給源であった。又この地の産する農作物も、広く都人に愛され、その生活を支えてきた。丹波黒豆、あるいは様々な種類の茸もこの地の名産としてよく知られている。

しかしながらこの地においても、かつての街道筋のにぎわいは残っていない。歴史的な町並みも、消えてしまった。日本中、どこでも同じような国道沿いの、騒がしいだけで空しい風景が、寒々として続いている。若者の多くもこの地を離れ、六十五歳以上の人口は町人口の半数に近づきつつある。こう書くと、お定まりの嘆き節になるが、昔からの三つの町村の合併を機に、新しい庁舎を設計することになって、この地に入りこみ、人々と関わるようになると、いろいろなことが見えてくる。少し視界が広がると、さらにその先、その奥にあるものに気付くようになる。面白いと思い、手応えを感じるようになるのは、そこからだ。

かつての村落の中心となっていた学校が、廃校になって今でも残っている。いずれも見晴らしのいい小高い丘の上に置かれ、造りも立派で美しい。いずれも、その立地の良さ、建築の良さを生かして、再利用されている。集会室、図書室等々、住民の新しい生活施設として生きかえっている。子供のための絵本屋、古道具屋、レストラン。中でも「盲亀浮木」と名付けられた喫茶室には惚れこんだ。仏典からとったと言う「大海を漂う盲の亀が休む浮木」という名前も卓抜だが、手作りのケーキも、コーヒーも美味しい。これだけでも、この近くに住みたくなる。こういう施設は、当事者の努力は勿論だが、美しい地形と豊かな伝統がその底にあってこそのものだ、と改めて感じ入る。

今設計最中の新庁舎は、単なる行政施設だけではなく、町民の日常の集いの中心となりにぎわいの空間となるように、住民との意見交換――いわゆる「ワークショップ」――を繰り返しながら、進められている。「シティ・ホール」とは、本来の名の示すように、皆が共に集る「大きい部屋＝Hall」とならねばならないのだ。この町も、日本各地のあちこちの自治体と同じく、平成の大合併によって生まれた町である。丹波、瑞穂、和地という、三つの町がひとつになった。いずれもそれぞれ伝統と個性のある町である。個性は、新しい統合の可能性であると共に、摩擦、衝突の源ともなる。設計のための「ワークショップ」とは、単に建築に対する要求の出し合いではなく、互いに理解し合い、ひとつになるための有効なプロセスなのでもある。

この大きい部屋、町民の居間としての庁舎建築を、私達は、この町の豊かな山林の産する木材で造ろうと取り組んでいる。しかも、地元の木材を使うということだけでなく、将来に向って、山林を育てようと考えている。そのためには、この地域の山林の状態を理解し、今利用できる量と種類がどのようなものか、正しく判断せねばならない。その判断のためには、地元の林業家の協力は不可欠だが、それだけでなく、建築素材として木材の特質と将来を大きく理解している専門家の存在が欠かせない。そうした領域の研究・実践の第一人者でしかもその上に丹波地方に育った建築家の安田哲也さんと協同でこの計画を進めることができたことは、まことに幸運なことであった。地域のかくれた力の大きさを実感することであった。

木材で公共建築を作ることについては、私達もこれまでいろいろ挑戦してきた。初挑戦は、一九九〇年終りの三春町桜中学校と東大弥生講堂であったが、熊野本宮大社の資料館や新潟県の曽我・平澤記念館等々、いろいろな場所で、様々な使い方を試みてきた。そうした経験を重ねる中で、材木はできるだけ自然に育った姿に近いかたちで用いるのが、方法としても合理的であり、形態としても面白いものができる、と確信するようになった。近頃は、木造も国自体も推奨するようになり、いろいろな方法・意匠が試みられるようになったが、あまりにも細かく切り刻んだり、曲げたり、貼り合せたりしている建物を目にすると、木が悲鳴をあげているような気がして心が痛む。この建物では、可能な限り製材したままの木材を用い、構造的に大きな断面が必要な場合は、それを組み合わせた柱、梁を用いようと実験を重ねているところである。

「美女山」(スケッチブックにコンテ、15cm×23cm)
敷地の南にある優しい山。人々に愛される町の中心。

「町民カフェに集う人々」(スケッチブックにコンテ、15cm×23cm)
廃校を利用した町民施設内のカフェ「盲亀の浮木」。その美しき女主人。

「京丹波町庁舎」プロポーザル案（2017年）、南面パース（パステル）
南側の広場に面して列柱廊が開き、町民の交流空間が突き出る。

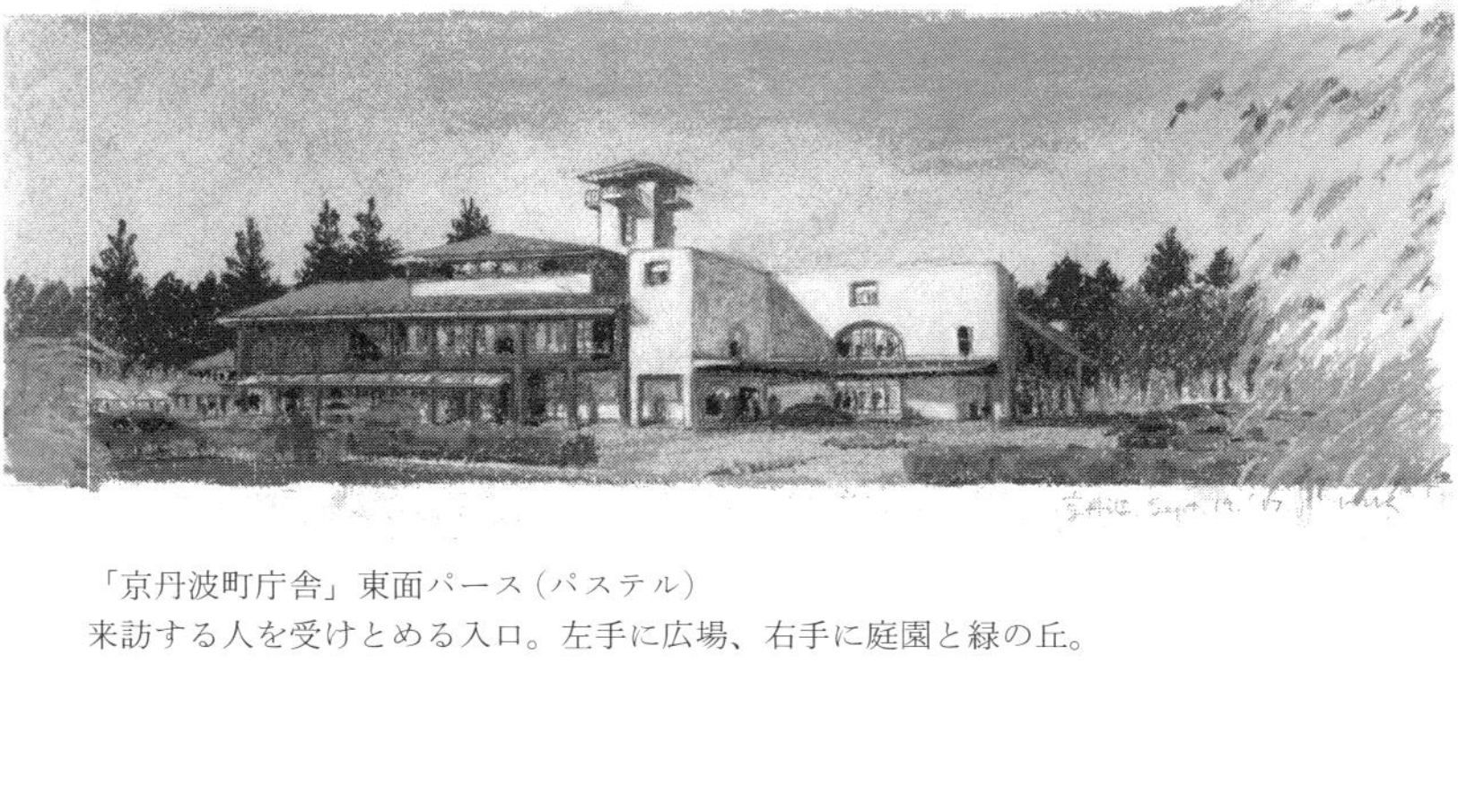

「京丹波町庁舎」東面パース（パステル）
来訪する人を受けとめる入口。左手に広場、右手に庭園と緑の丘。

五泉市（新潟県）――文化・商業複合施設

広々と稲田の広がる越後平野の、ほぼ中央にある五泉市の多目的ホールを設計することになった。演劇、舞踊、音楽といった舞台芸術のためのホールはこれまで、全国各地に設計してきた。それを単一目的のためだけでなく、多目的なはたらきができるような工夫もいろいろしてきたし、それをまた、他の機能、たとえば展示、集会、創作といった様々な市民文化活動のための空間を複合させることも、いろいろ行ってきた。しかし、今回の計画のように、地域の様々な産物の展示、販売、飲食から遊戯施設を組み合わせる設計を手がけたことはない。この類例の無い、新しい構想は、決して気まぐれな思いつきから出たものではなく、この地域の歴史、文化、の特質、そのものから出ているものである。そういう具体的なことがわかってくると、建築の設計がますます面白くなる。

五泉市は、新潟市の南、二十五キロ程の所にある。平成の大合併で、村松町と一緒になったが、五泉も村松も、古くからの由緒ある地名だ。広大な越後平野と、それを囲む山並みとの縁に位置し、会津に発する阿賀野川が、町の東側を流れて日本海に注ぐ。大きく豊かな風景だ。

越後山脈から流れる下る大小の河川は、山沿いに沢山の扇状地形を造り出したが、この地はその最も大きく豊かな所のひとつだ。冬期の大量の積雪は、豊かな水源となり、扇状地の下層を形成している砂礫層の中を流れる豊富な地下水となって、地を潤す。それが桑の栽培に適していたので、古くは養蚕も盛んであったし、そこから生糸、絹の産業も栄えていた。また里芋など、様々な野菜も良く育つ。そうした様々な産物は、阿賀野川の水運によって各地に運ばれた。そのようにこの地は、広い水田の稲だけでなく、様々な実りによって豊かな地であった。

養蚕は、一九六〇年代の産業構造の変化によって、またたく間に消えていった。このことは、この地域だけのことではなく、日本全体においておこったことである。しかし、単に養蚕だけでなく、それを絹の生産にまで発展させていた五泉は、その技術力、産業基盤から編織物、すなわちニット産業への転換を成功させ、今日では、日本一の生産高を誇るに至っている。農作物では、従来の里芋に加えて、チューリップ、牡丹など、様々な花卉が作られ、全国に出荷されるようになっている。山を後にした広い平野とその下を流れる豊かな水は、依然としてこの地を支える最大の恩恵なのである。

これらの産物を展示、販売する施設を、文化ホールと組み合わせるというのが、この施設の基本的なねらいであった。特に、ニット製品は、生産量が全国一であるにもかかわらず、ほとんどそのことは世に知られていない。私達自身も、この設計者に選ばれるまでは全く無知であった。その理由は、その生産が、有名メーカーからの受注生産が主で、五泉独自の製品ブランドを確立していないことにある。従ってこの施設は、通常の展示即売という働き以前に、五泉独自のブランドを作り出していく新しい動きの中心となることが求められた。建築を作るという行為が、様々なかたちにおいて、社会的な新しい動きを作り出し、その活力の中心となることが期待されていることを、ここでも新たに知らされるものとなった。

建物の構造形式とその基本形は、鉄筋コンクリート造で外部を大きく作り、その上にのせた木造の屋根で、内部空間を包みこむというかたちである。この形式は、雪国の建築に適したかたちとして、曽我・平澤記念館、聖籠中学校などこれまでも何度か行ってきたものである。コンクリートの基本構造を、基準寸法格子にのせて、平行に走らせ、その上に、平面の要求にあわせて様々に切妻屋根をのせていけば、内部空間と中庭等の外部空間に対応しつつ、多様な空間を生み出すことができる。そして、その上に、設計途中での使用目的・利用方法など様々な変化・変更にもフレキシブルに応じることができる。

この予想どおり、設計に取りかかって以降、計画条件は、幾度となく練り直された。というより、実際的な条件の多くは具体的な空間形態を考えながらでなくては、検討できないことがらであった、といった方がいいかもしれない。敷地の形状も、諸々の条件も、基本設計の作業の中で幾度となく練り直された。プロポーザルでの提案は、計画条件の多様性をそのまま空間構成に反映させたものであったが、案が練り直される中で、それはより単純でコンパクトなものに変っていった。コスト削減もひとつの要件ではあったが、単純な構成の中で、より多様な使い方を生み出し得る方向をつかみ得たことが、最も大きな理由である。このような変転する設計過程にも、私達が出発点に設定した「空間基本形」は、効果的に働いていると思っている。

五泉市「文化・商業複合施設」プロポーザル案(2016年)、パース(パステル)
前面道路に面して、広場と展示空間が展開し、その奥に集会・児童施設が、木造の大屋根の下に連なる。

五泉市「文化・商業複合施設」鳥瞰図（パステル）
伸びやかに広がる越後平野の中央に、大屋根を連ねて広がる。図左上の児童公園は牡丹園につながり、更に川の土手へと展開する。

庄内町（山形県）——庁舎

　庄内平野は、美しくおだやかな平野だ。訪れる度に心安らかな気分になる。日本人の心底にある、ふるさとの原風景のようなところだ。北に島海山、南に月山、そして中央を最上川が流れて日本海に注ぐ、というかたちに、ひとつの空間をつくる良きまとまりがあるし、北の酒田から南の鶴岡まで四十キロというスケールも遠からず近からず、心地良い。月山を先頭とする出羽三山に、古くから山岳信仰が育ったが、その理由のひとつに、この山々から足下に広がる庄内平野の安らかさがある故ではないか、と私は勝手に思ったりもする。庄内平野に入るには、東京から行くとすると、新潟を経由するか、山形を経由するか、いずれのルートでも、新幹線を乗り継いで、三時間半といった所なのだが、山地を抜けて庄内平野に出た途端に、心がぱっとひろがる。庄内平野とは、そういう空間だ。

　庄内平野は、かたちが美しいだけではない。古くからの米どころだ。この地に産した「亀の尾」から「コシヒカリ」や「つや姫」といった高級米が生み出されたことでも知られる。今日でも日本有数の稲作地帯である。それだけでなく、各種の美味しい野菜の産地でもある。庄内野菜は、それを用いているということだけで、料理店の格付けになる程だ。こうした評判は、天然自然の与えてくれる条件の上に、古くから積み重ねられたこの地の人々の勤勉な働きがあってこそのことだ。地域の文化・伝統というものが、一朝一夕では生まれないということを、ここ庄内でも改めて、教えられる。

この町は人口約二万二千人。平成の大合併で、平野部の余目町と、山沿いの立川町がひとつになって生まれた。地域風土の特徴を生かして、若者の農業への回帰、移住の奨励、「清川だし」として知られる強風を生かした風力発電、森林産業の復興等々、様々な政策を進めている。若者の移住を促すために、日本一子育てしやすい町というスローガンも掲げている。のどかな野道を歩いていると、都会での塾漬けから脱したこういう所でこそ、健全な子供が育つに違いないと思えてくる。

新しい庁舎は、余目地区の中心にある旧庁舎の一部を保存改修し、新しい庁舎と一体にする計画である。保存部分は、町民のための様々な集会、子育て支援のための諸活動のための空間にあてられるが、ふたつの棟が単に上空で連結されているだけでなく、楽しい中庭をつくり出すように計画されている。町内を巡回するコミュニティ・バスの停留所にもなり、子供、母親、老人達が日常的に集まる心地よさをつくり出したい。ふたつの棟と中庭をひとつにつなぐ大庇は、冬の雪と風から建物を守り、人を導く工夫として最初から私達の考えの中にあったが、その高さを少し低くして、建物の上階から、月山の眺望が得られるようにしたのは、町民とのワークショップから生まれたものである。合併が、単に行政の都合によってあるものだけでなく、人々の日常の一体感によって支えられるためには、視覚的なまとまりを忘れてはならないことに、改めて気付かされた。敷地のまわりには、町の保健センター、図書館、水彩画の美術館などがある。新庁舎の建築を出発点にして、こうした公共施設の新しいつながりが生み出されれば、それは統合されて生まれかわった新しい町の中心としての性格を得ることになるだろう。平成の市町村大合併は、日本の各地に、地域毎に異なる共同体の伝統・慣習の衝突・摩擦を作りだしたことは否めないが、多様性は新しい可能性の源でもある。建築するという行為は、そうした可能性の具体化とならねばならない。

庁舎には、広い駐車場を用意せねばならない。自動車が日常の交通手段となっている地方では必須の条件である。しかしその駐車場を荒涼とした荒地にするのではなく、時には大きなイヴェントの会場ともなる、緑地にしたい。それだけでなく、庁舎が位置する余目地区には、かつての町並みが、消えかかりつつも残っている。家がたとえ空き家になっていても、庭の緑は元気に残っている。それを生き返らせ、そしてつないでいけば、そこに新しい「庭園都市」が生まれるだろう。そう提唱し、すでに町民をまきこんだ調査や運動を進めているのは、秋田公益大学の温井亨教授達のグループだ。そうした人々とさらに強く連携しつつ、この町の未来に関わっていくことが、公共建築設計の眞の意義だと感じている。

「早春の庄内平野と月山」(デッサン紙にコンテ、18㎝×27㎝)

「庄内町庁舎」プロポーザル案(2015年)、パース(パステル)
前面広場に向って、立ち並ぶ列柱が大びさしを支え、その奥に住民のラウンジが明るく抱きこまれている。

「庄内町庁舎」新築と既存建物との間に生まれる中庭のパース(パステル)
大びさしの下、ふたつの建物と渡り廊下に囲まれた、町民の憩いの庭。

八郎潟町（秋田県）——庁舎

東北新幹線は、北海道まで延び、速度も速くなって、函館は近くなったが秋田はまだ遠い。新幹線は、盛岡から西に向って別れると、単線になって急に遅くなるが、沿線の景色は、急に緑豊かになり、川の流れも清らかになる。その終点の秋田市から、更に北へ、列車で三十分程行った所に八郎潟町はある。広々と、田畑のひろがるのどかなところだ。名前の示すとおり、かつては琵琶湖に次ぐ日本第二の湖、八郎潟に面した町だった。その大きな潟は干拓されて、真っ平らな農地となり、新しい村、大潟村が生まれた。しかしこの新しい人工の村は、八郎潟町に居ると不思議なことに存在感が無い。広々とした空が広がっているだけで、そのむこうに男鹿半島の青い山並をこえて、日本海の潮の香りが渡ってくる。なんとも、のどかなのだ。第二次大戦が始まった時、混乱のパリを離れて、日本に帰ったフジタが、住む場所を秋田に選んだ気持ちがわかるような気がする。その頃のフジタが撮った短編映画を見たことがあるが、そのカメラがとらえた小さな村の生活リズムが、ここ八郎潟まで来ると今でも感じられるのだ。

八郎潟町には、古い神社やお寺があり、様々な言い伝えや伝説が残っており、又特徴ある踊りが年中行事として今に伝えられている。それを知ると、日本海の沿岸に沿って、様々な時代に、様々な人、様々な文化が動き、そして定着してきた姿が目に見えるような気がする。八郎潟の海側に切り離されていた男鹿半島に、原日本人の文化が残されたと対照的に、こちら側には活発な動きが絶えなかったことが面白い。日本の特色が圧縮されて存在している。

この町は、面積にして百七十ヘクタール、人口は六千足らずという小さい町である。秋田県で最も小さい。平成の大合併の嵐が、全国を吹き荒れた時、この町は隣町との合併を拒んだ。この町の特徴ある歴史・文化を知ると、それは当然だろう。それでよかった、と素直に思えてくる。行政の効率も大切なことに違いないが、しかしそれだけで、共同体自治体が成立していないことも確かなことだ。

といって、この平和な町も、昔のままであるわけではない。なんといっても大きなことは、湖に面した町として育ち生きてきた町から、その湖が失くなってしまったことだ。昭和三十年代の始め、国家的大事業として、この干拓が決定された時のことは、当時建築学科に進学したばかりの私にとっては、忘れられない出来事だった。隣の都市計画の研究室で描かれていた、夢のような農村都市の計画図、あるいは建築計画の研究室で作成されていた農村住宅のプロジェクト。しかしそれから二十年の歳月をかけて干拓事業が完了し、更に十年かけて、入植した人達が、ようやく米造りに成功した時、なんと日本国家は、米は余っていてもう要らない、と減反政策に転じたのだ。なんということだろう。日本中驚いたが、誰よりも入植した人達の失望落胆はいかばかりであったか。

しかし犠牲を払ったのはそれだけでない。八郎潟町は、昔から湖を生かした、半農半漁の町だったのだ。その特色ある町基盤の半分を、国家政策の名の下に、いや応なくもぎとられ、それが意味なくなったとは、なんということだろう。今日でも、町を歩くと、かつての漁師町は、漁師町のたたずまいをかすかに漂わせて残っている。これが、今でも残っていたら、八郎潟という海水と川水が混り合う、独自の水系が残っていたら、どんなに素晴らしいことだろう。単に消えた風景だけのことではない。そうした多様性複合性を持った生活、共同体が今に続いていたら、それは未来の可能性をどれだけ大きく、また鮮やかに指し示してくれることであろうか。戦争の破壊とは、戦争の最中に起こるだけではない。もっと大きな破壊は戦争の後に来るのだ。近代とは、無残なものだ。

私達が設計者に選定されて、最初の打合わせの時、こういうことがあった。近年の公共建築の設計においては「ワークショップ」なる呼称をつけた住民との話し合いが、連続して催されるのが常になっている。従ってこの設計において、それをどのように行うつもりであるか、私達がたずねた時畠山町長は、即座にこう言った。「それは必要ありません。町民の望みは私と、町の担当者がすでに充分理解しています。」その言い方は決してハッタリでも、みせかけでもなく、全く自然で率直なものであり、私は感心した。それが、本来のコミュニティであり、その行政というものであろう。そういうまとまりが、この町にはあることがよくわかった。

建物は、すでにある小規模の公会堂や、保健センターの集結している場所にある。大潟村にいく県道がその前を走っているのびのびとした敷地だ。その敷地の性格に応じ、新しい建物は四方にひろがる丸い外部をとって、その中にコンパクトにまとめられた行政部門が包みこまれるようにしたい。その形は、通常の庁舎とは、一見異なるので、最初町の人は驚いたようであったが、理解されると全面的に受け入れられ、設計は今順調に進んでいる。

「八郎潟町庁舎より西を望む」（スケッチブックにコンテ、15cm × 18cm）
真っ平に広がる平野、真っ直ぐに伸びる道、遥か向こうの男鹿半島の山々。

「八郎潟町庁舎」プロポーザル案（2017年）、パース（パステル）
前面道路交差点からの全景。煉瓦で包まれた執務空間を丸く屋根が囲む。

「八郎潟町庁舎」内部パース（パステル）
丸く庁舎を囲む屋根の下に、町民のラウンジが広がり、上部につながる。

「さまよい仕事」と「姿なき道連れ」

――「天使像」を彫りながら考えたこと

皆様、今晩は。

昨年の夏以来、久しぶりに「天使園」に参ることができて、誠に嬉しく思います。しかも、復活祭の直後の美しい季節。新幹線で函館まで四時間、東京では過ぎた桜に途中で追い付き、又追いこして走って来ましたが、山も川もどこもかしこも美しい。修道院の門を入るととりわけ美しい。朝のお祈りの中で歌われた「ダニエルの歌」、「地に生える草も木も神を讃えよ」、まさにその通りです。

今回は、長年の宿題だった、この門の屋根の上に乗せる天使像を遂に完成させて参りましたので、重ねて嬉しい。粘土の原型を、ブロンズに鋳造したものが、明日こちらに届きます。先ず、修道院の中に運んで、皆様に身近で見ていただき、そして神父様に祝別していただいた後、屋根の棟の上に取り付ける予定です。通用門の壁面のレリーフ。「聖家族・三図」を一昨年完成させてから、一寸間があきましたが、これで、一連の彫刻の仕事が完成できることになり、私も嬉しく、ありがたく思っております。

今年の三月の半ば頃に、ようやくまとまって時間がとれて、彫刻の粘土に取り組むことができました。粘土をいじる、楽しいんですね。子供の時あるいは原始の時代に誰でもやった、深いところにある感覚がよみがえるのでしょうか。一度その仕事の中に入りこんだら吾を忘れ、他人も忘れ夢中になる。他のことは、一切無視、このことだけ、という状態になります。今日は、そういう仕事をしながら、考えたことを、お話したいと思います。いつも、なんとなく考えていることで、特に新しいことではないので、うまくお話できるか、一寸、不安もあるのですが、皆様の笑顔に勇気づけられて、がんばってお話ししてみましょう。

建築家である私が、彫刻もやることを珍しがる人もいる。しかし本来、建築家は、絵も彫刻もやっていたのです。ギリシャ・ローマの昔、中世ゴシック建築の時代、そしてルネサンスの芸術家の時代も、みなひとつの仕事でした。近代に入って、それらは別れて、別々な仕事、異なる職業とみなされるようになった。しかし本来はひとつなのです。かたちをつくる、という基本において同じなのです。確かに今日の建築家で、彫刻家と共同することはあったとしても、自ら粘土をいじったり石を刻む人は稀です。稀になったが故に、そういう本来の一体感が消失してしまったが故に、彫刻を自ら手がけることは、その本来の一体性、全体性がよみがえってくる。先ず第一にそこに面白さがある。だから私はできるだけ色々なことを自分自身の手と体を使って行いたい、と思ってきました。

そういう、いつもの定まった自分の仕事から、少しはなれた仕事に熱中した時、感じることがある。それを今回も感じた。粘土に集中したのが久しぶりだったせいか、とりわけ、強く感じた。それが今日のお話のテーマ、「さまよい仕事」と「姿なき道連れ」です。

私達はいろいろな仕事をする。その仕事によって職業が分類される。料理をつくるコックさん、畑仕事をするお百姓さん、木の家を建てる大工さん、といったように、いろいろ沢山あります。こうした仕事の分類は、言ってみれば、仕事の目的別の分類です。しかし、そうした目的の違いによる分類ではなく、仕事の取り組み方というか、その時のその人の心の持ち方というか、そうしたことに着目してみると、次のふたつが考えられる。これは私の考えです。あまり一般的な考え方ではないかもしれない。しかし、まあ、一寸、聞いて下さい。

先ず、順序、手順が決まっている仕事があります。日常の仕事なら、朝起きて顔を洗う、歯を磨く。誰でも、特に考えなくても、その手順でやる。コックさんでも、大工さんでも、それぞれのやり方、手順がある。熟練とは、そのやり方が複雑であるにもかかわらずなめらかにやれる、ということです。どんな仕事にもこういう種類の仕事があって成り立っています。これを「きまり仕事」と呼びます。

ところがもうひとつの種類の仕事のやり方がある。これを、私名付けて、「さまよい仕事」と呼ぶ。「さまよい仕事」には、順序、規則が無い。時には、何をやろうとしているのか、行く先もわからない。しかし、どこかへ行きたい、ということは、はっきりしている。強烈に思っている。しかし、どう進んでいっていいのかわからない。だから考えは、あっちへ行ったり、こっちへ行ったり、あれこれさまようことになる。迷うことになる。これが「さまよい仕事」です。

新しい問題に取り組む時、新しい工夫を試みる時、誰でも、こういう状態になる。あるいは、大きな総合的な、全体的な課題に取り組む時も、そうです。個々の問題は、たとえばすでに確立されている技法、技術によって整然と扱える場合でも、その全体を組み立てる時、それは複雑にからみあっていますから、一方の端から順番に片付けていって、他方の端までいって出来上がり、というわけにはいかない。考えは、霧の中を彷徨うようにあれこれ行きつつもどりつつ。そして、ある時、突如霧が晴れたように答が見える。「さまよい仕事」とは、こんな仕事といえるでしょう。人間誰しも、仕事している間の時々にいろいろ迷うことはつきもので、その迷いには大小、長短いろいろあるといっていいでしょうが、その迷いが比較的長く、少なくとも一日、通常三日間位続く場合を私は「さまよい仕事」と呼んでいます。彷徨《さまよ》う間、集中できなくてはいけない。外から見ると一見、ぶらぶらしているように見えても、実は、本人はそのことしか頭にない。他から邪魔されると、迷いつつも探っていたものが消えて元の木阿弥になってしまう。従ってそういう集中、没我状態です。その状態はある長さ継続できなくてはいけない。

私は、朝自分の仕事場・アトリエに出て机に向うと、先ず鉛筆を削ります。一ダース程、ナイフで削る。これが私のひとつの「きまり仕事」です。削るのはナイフでなくてはならない。この単純な仕事で、心が仕事に向う。電動の削り機ではそうならない。単純なきまり仕事、道具の手入れとか、資料や本の整理とか、片付けとか、人によっていろいろあるでしょうが、心の準備になり、気持ちの整理ともなります。それぞれの専門の仕事となると、それこそ沢山の「きまり仕事」があります。それを順次こなして、一日が終る、それが誰にとっても日常といっていいでしょう。かつては、始めての仕事で、悩み迷い苦しんだ問題も、経験を重ねていく中で、日常的な「きまり仕事」となっていく。それが修練、習熟ということでしょう。

しかし、それでも、必ず未知の課題、未経験の新しい問題と取り組まねばならないことがおこります。建築の設計で言えば、新しい設計に取りかかる時は、いくら似たような課題を先に経験していたとしても、必ずそれ独自の問題があります。経験に安住せず、常に初心に立ち帰って取り組まなければ、良い設計は生まれない。その時は、その課題に集中せねばならない。その考えに専心しなくてはいけない。さまよう時間を獲得することが、絶対必要なのです。その長さは、私にとっては、経験的に、最低三日必要なんです。理屈ではない。第一日に迷いの中に入りこんでいって、二日目あちこちさ迷って、三日目、うまくいけば、抜け出せる、答がみつかる、そういうことで三日が私にとっては「さまよい仕事」の必要最低日数です。その時間を生み出すためには、あらかじめ他の仕事・約束は整理し、その期間は、電話も取りつがせず、部屋のドアもノックさせずという風にしますが、通常の週日にそういう状態を作り出すことは容易ではない。従って大抵の場合、週末、休日を使うことになります。

この天使像の最終の粘土原型の制作は、二月半ばの三日間、集中しました。すでに二分の一の大きさの習作模型は作っていましたので、最終段階は三日でいける、と一応考えていました。お定まりの準備の作業、骨組を台上に固定し像の原寸の粘土の塊を付ける、といったことは、「きまり仕事」ですので、それまでにやってありました。そういうように、準備は充分したつもりであっても、いざ粘土の塊を正面に置いて向いあうと、全く思っていたようにはいかない。というよりも、今までわかっていたつもりでわかっていなかったこと、新しい様々な問題が次から次へと湧き上ってくる。頭の中でイメージしていたこととは違って粘土を実際に手でいじるとはそういうことです。天使は人のようで人ではない。重さはないのではないか。重さのある粘土で、そんなかたちをどう作ればいいのか。そして羽根！　天使の羽根は空を飛ぶだけのものではない。包むものでもある。私達皆を優しく包んでくれる。そういうかたちとはどういうかたちだ！　そもそも羽根は背中からどう生えているんだ。等々、一日目は噴出してくるそうした問題に押しつぶされて終り、二日目粘土と格闘しているうちに、なんとか、おぼろげに見えてきたようでもあるが、ひとつうまくいったか、と思うと他がうまくない、というぐあいで、三日目、依然として霧の中を悪戦苦闘していると、突然霧が晴れて、天使がそこに立っていた。

不思議なんですね。いつもこういう風なんです。迷いに迷ったあげく、ある時、突然霧が晴れる。それまで悩んだいくつもの問題が、一挙に解決するんです。というより、解決していることに、突然気がついた、といった具合です。このことは、長年やってきた建築設計における「さまよい仕事」の場合でも、常にそうなのです。問題は、ひとつずつ順々に解けるのではない。全部が、一緒に解けるのです。設計を皆で一緒にやっている時、仲間同志では、それを「結晶作用」と呼んでいた。長い苦しいスタディを続けた後、突然解答が見えた時、それまでの問題がいくつも同時に解けたことに気がついた時、それは、理科の実験で、いくつかの溶液を混ぜあわせている時、ある時突然に結晶が析出してきた瞬間に似ている。それで「やったぞ！　結晶作用が始まったぞ」と叫んだものです。このような人間の思考のはたらきについて、心理学者、あるいは脳科学者の説明があるかどうか、私は知りませんが、私は勝手に「造形の神秘」と呼んでいます。

この「造形の神秘」作用については、いろいろな芸術家の記述の中に、共通することが見出されます。作曲家のモーツアルトは、あの美しい数々の曲を楽々と流れ出るように作り出して周囲の人を驚嘆させたと言われますが、何故そんなことが可能かと問われた時、「私には、ある時、全ての音が同時に、一斉に聞こえるのです。だから後はそれを記していくだけなのです」と答えたと伝えられていますし、ルネサンスの芸術家ミケランジェロも人々から「神の如き芸術家」と讃えられた時、「私は石の中に神が隠されている像の姿が一度に全部見えるからだ」と言っています。建築家フランク・ロイド・ライトも、美しい図面を驚くべき速さで描いたそうですが、弟子達にどうしてそんなことができるのか、とたずねられた時、「私には、全部のかたちが、一挙に全部見えているからだ」と答えています。これらは、天才達の例ですが、天才ならぬ私達誰にとっても、迷いの霧は、徐々に晴れるのではない、晴れる時が来れば一挙に晴れるものなのです。

ところで、私の天使像作りの話に戻りますが、三日目、粘土の像は完成しました。満足できるかたちで完成できました。もう日が沈んで暗くなっていました。気がつくと、朝家を出てから誰とも会わず、口もきかずに粘土の天使と向いあっていました。しかし夢中になって一日、口もきかず、ものも食べずということは、設計のスタディ・スケッチをつくっている時もよくあることで決して特別なことではないのですが、この時は、粘土を手でいじり続けておりましたので、疲労も大きかったが、満足も格別なものでした。まことに大きく深い達成感で満ち足りていた。お腹も空いていたので、手早く仕事机の上を片付け、部屋を出ようとした時、です。

「あれ、今日、誰か、一緒じゃなかったか」

そんな気がした。ふとそんな気持ちになった。不思議なことです。勿論、ずっと自分ひとりだったことは、はっきりしている。それなのにそういう気がした。ずっとひとりで仕事している自分の脇に誰かが、ずっと一緒に居たような気がした。確かに誰かがいた。姿は見えないが、誰かがいた。

実は、これまでにも、時々、そういう気がしたことは、何度かあったのです。それは、いずれの場合も吾を忘れて夢中になって、長い時間を過した後の時のことでした。近くでは、設計に没頭し、夢中になって一日を過した時が多い。ひとり「さまよい仕事」に集中した後は大体そんな経験をします。遠い昔、幼い時にも同じ感じを持ったことがある。ひとり一日、絵を描くことに没頭した後、あるいは、川岸の葦原にひとり坐り魚釣りで日が暮れた時、「あれ、今日、誰か近くにいたのではないかな」という気持になったことが何度かあったような気がする。

宗教的な話の中では、これに共通したものがいろいろあるように思います。四国の御遍路さんの笠に書かれている「同行二人」の文字、これは私は一人でも仏様と一緒です、ということですし、サンチャゴ・デ・コンポステラへの巡礼者の腰につける貝がらは、聖ヤコブと一緒だという記しと言われます。長く苦しい旅をなんとかがんばって目的地にたどり着き、来た道をふり返ると、自分の足跡の他にもう一人の足跡、すなわち救い主イエス、の足跡がついていたという話もよく聞きます。しかし、私の今言わんとしていることは、まったく世俗の日常の仕事の中でのことです。

夢中になる、吾を忘れて仕事をする、すると「姿なき道連れ」、「目に見えない仕事仲間」がいることに気がつく。これはどういうことか。私は、こういうことではないか、と思うのです。そもそも仕事に夢中になるとは、どういうことか。その時私達はどういう状態にあるか。それを図にしてみますとこんな具合になります。

私が居る。粘土の塊がその前にある。私はそれを見つめ、それに手を加える。粘土をまた見る、そしてまた手を加える。何度もそれが繰り返される、考えと目が行ったり来たりする。やがてそれは、単純な往復というよりは、両者の上を「さまよう」ようになるわけです。あてどなく、どこへ行こうとしているのか。これが「さまよい仕事」の状況です。

その時、こういうことがおこっている。私が居て、粘土がある、のではなくて、私と粘土が一緒になって、ひとつになって、その外側に、そのひとつを見つめているもうひとつの存在がある、こういう状態です。

この、私と粘土という全体を見つめているもうひとつの存在、もうひとつの目、これは仕事に夢中になっている時は、はっきり意識されているわけではない。しかし、確かにその存在を感じている。それが吾を忘れる、ということに他ならない。吾ではない、別な大きい力に包まれて仕事している状況、それが夢中になっている、ということなのです。

さまよいが終り、仕事が終った時、とりわけそれが満足と共に終った時、その時なのです、このことに気付くのは。「あ、誰か、もうひとり居たんではないか」。これが「姿なき仕事仲間」、「目に見えない道連れ」、です。

ジョン・ラスキンという十九世紀イギリスの偉大な思想家がおります。単なる思索、著作の人ではなく、自ら建築も設計し、絵も描き、社会運動もやった。日本にも、その思想を信奉する人々が「ラスキン協会」という団体を設立した程、広い影響を生んだ人です。そのラスキンが、社会運動の一環として開いた一般市民向けの絵の教室の中で、こういうことを言っています。今、記憶にたよってお話ししていますから、正確ではないが、おおよそ次のようなことです。

「デッサン、とりわけ自然のかたちの素描を繰り返し行いなさい。それは、絵を描く基本であるだけでなく、あなたの精神を強く豊かにします。というのは、デッサンにおいて対象に真剣に向いあう時、あなたは、対象に向いあっているあなたも見つめる、もうひとつの目に気付くことになるからです。すなわちこの気付きこそ、人格を養成する基本となる「反省(reflection)」に他ならないのです。」

これも図解すると次のようになります。先の私の図に重なると申しても良いでしょう。

ここへ来る新幹線の車中で読んでいた、T・S・エリオットの詩集"The Waste Land(荒地)"の中にも、今日お話しようと思っていたことに通じる一節を見つけました。それを読んで終りにします。この長い詩の最後の節「雷鳴の告げること」の一部です。エリオットは現代詩に「コラージュ」という新しい手法を取り入れた人で、聖書やシェイクスピア等、様々な文の一部

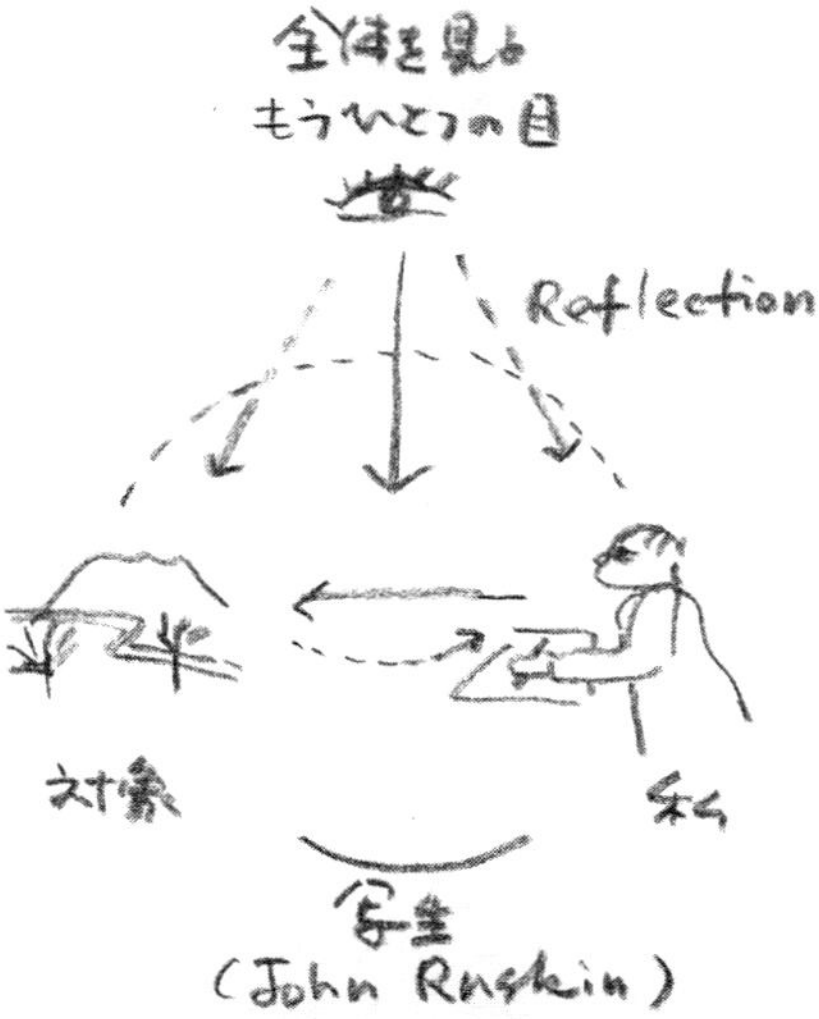

を自由に取り入れて詩をつくっていますが、この部分は、猛吹雪の中を生還した南極探検隊の手記の中からの引用だと、自分で注釈をつけている部分です。

“Who is the third who walks always beside you?
When I count, there are only you and I together
But when I look ahead up the white road
There is always another one walking beside you
Gliding wrapt in a brown mantle, hooded
I do not know whether a man or a woman
—But who is that on the other side of you?”

即興で訳してみるとこうなります。

「あなたの横をいつも歩いている第三の人は誰だ
数えるたびに、居るのは、あなたと私だけなのに
白い道の先を見るときは

あなたの横を歩いているもうひとりの人がいる
茶色の外套に包まれて、滑るように行く
頭巾のせいで男か女かわからない
——しかし、誰なのだ、あなたの向こう側にいるのは？」

修道の生活をおくられている皆様においては、特に「オーラ・エ・ラボーラ」、「祈り働け」、の毎日を送られているシトー修道会の皆様においては、私達を越える大きな力の存在を、日々の祈りと労働の中で、大きく強くとらえられていると思いますが、私達のような世俗の内に生きる者においても、これにつながる経験のあることをお話しさせていただきました。

「サルヴェ・レジナ（寝る前の祈り）」の時間になりました。私の今日の話はこれで終わりにいたします。

おやすみなさい。

トラピスチヌ修道院前庭のテラコッタ壁画「聖家族三図」(2017完成)
左「マリアへのお告げ」、中央「イエスの誕生」、右「エジプトへの避難」

粘土板製作中の筆者。岐阜県、多治見のケラモス・アートにて(2016年)

トラピスチヌ修道院入口屋上の「天使像」(高さ約45cm)
ブロンズで鋳造する前の油粘土による原型。

入口屋上に設置された「天使像」(模型によるモンタージュ写真)

古きを訪ねて、新しくなる

旅の宿

急ぎの仕事の旅でない限り、行く所は古い町、泊る宿は古いものがいい。特にそう決めてそうしてきたわけではないが、思い返してみると、必ずそうなっている。50数年前20代の半ばにアメリカに留学した時以来、幾度、旅を重ねてきたか、改めて数えたことはないが、心に残る旅、心と体を新しくすることを求めて出た旅は、必ずと言っていい、古い町並みの中にある古い建物に向かっている。たとえば、ロンドン。私にとって最初の外国への旅は、ロンドンだった。アメリカが最初だったと言うべきかも知れないが、留学するために渡ったのだから、その時は旅という気分ではなかった。勉強・修業に一区切りがついたところで、どうしてもヨーロッパが見たくなり、ニュー・ジャージイの港から貨物船に乗って、ロンドンまで行った。そして、大英博物館やロンドン大学に近い学生街の安宿に泊った。「テラス・ハウス」と呼ばれ、煉瓦造の住宅が通りに沿って並んでいる。その通りに入った瞬間に、私の心は、大西洋を越え、300年の時を越え、イギリスから新大陸に渡った人の心とひとつになった。

表の構えは、みな同じだが、中は、安宿だけではなく、共同の住宅もあれば、オフィス、学校になっている所もある。この「テラス・ハウス」という都市住宅の形式は、敷地や規模などの条件に対応する柔軟性のある秀れたもので、イギリスのように地区毎に住む階層の際立って分れる文化では、街区によってその形に特徴がはっきり出てきて面白い。

数年前、孫を連れてロンドンに行った時はサウス・ケンジントン地区のテラス・ハウスが、ホテルに改造されていることを知って、そこに宿をとった。この地区は昔から学者・芸術家の住む地区で、貧乏書生の私は、遠くから憧れて眺めるだけだった所である。ここでも建物の表は昔どおりだが、中は数戸の住宅をつないで、快適なホテルに改装してある。しかし1階のラウンジ、バック・ヤードに面した朝食室等は、昔の空間をうまく生かしてある。もともとは、各戸毎別々のものだったバック・ヤードは、間の塀を取り払って、大きくひとつにしてあるのも面白い。

田舎に行くと、古い領主の邸宅（マナー・ハウス）がホテルになっているものも多くある。

美しい牧場と小さい村が広がるコッツウォルドで泊った宿も、そうしたもののひとつだった。村の小さなレストランで夕食をとった後、観光客の群が去って静まり返った村を通り抜ける時、「この静けさ！」と嘆じた10歳の孫の声が耳に残る。

コッツウォルドの南にある古くからの保養地バースに泊ったのは、更に昔、今から30年も前の頃だが、イギリス18世紀バロック建築の傑作、ロイヤル・クレセントの一画を改装したホテルである。バースは、古代ローマに発する古い町で、半月形をなして広場を囲む優雅な建物は、言うなれば、イギリスの王侯貴族達の集合別荘なのだが、その幾棟かを中でひとっにつないで、ホテルにしている。それも若い時、感心して眺めただけの建物だったので、興奮して宿泊したのだが、これはあまり立派過ぎて落ち着かなかった。

フランスやイタリヤでは、修道院に泊めてもらったことも多い。ノルマンディのシトーの修道院では、農場の手伝いまでさせてもらったりしながら、8ヶ月に及んだ旅の記録をまとめた。客人を大切にすることは、修道院の基本を定めた聖ベネディクトの戒律の大切な項目のひとつであった。その後に訪れたロワール川沿いのサン・ブノワ修道院の、ロマネスクの聖堂に響いた「サルヴェ・レジナ」（終課）の祈りの歌、トマス・アキナスが最期の日を過した南イタリヤのフォッサ・ノーヴァ修道院の中庭を吹き抜ける香ぐわしい風、ひとつひとつ、全て忘れられない、特別な旅である。

なぜ人は、古きを懐かしむか

ルッカをはじめ、トスカーナの古い町を訪ねた旅で、フィレンツェの町の中心部に、東大文学部が研究者用に借りていた邸宅（パラッツオ）に滞在したこともあった。旅先で自分の仕事部屋があることは、まことに落ち着いて快適なものである。こうした施設を持つということは、欧米の古い大学においては昔から行われていたことで、私が学んでいたペンシルバニア大学の美術学部は、パリやローマに研究センターをかまえていたが、それはかつて、フランスの美術学校が、ローマにあるヴィラ・メディチ（16世紀マニエリスム建築の傑作である）をローマ賞受賞者の滞在施設としていたことに習ったものである。

「温故而知新（古きを温ねて新しきを知る）」とは、昔から学習の基本とされてきたが、これは洋の東だけでなく、西でも同じであった。イギリス人でも紳士たるものの条件は、学業を卒えた後、古典の地、特にイタリヤを訪れる旅、すなわち「グランド・ツアー」を行うことが必須とされた。本で学んだだけでは不十分で、実地で見ることが欠かせない、とされていたわけで、建築、都市、場所には、書物以上の、更に書物には無い力があると、受け止められていたことに他ならない。

しかし、どのように受け取られ、考えられていたとしても、古いことを思い返すことは、何よりも先ず、人にとって、楽しく、心休まることなのだ。昔のノートをめくっていたら、何時誰が書いたものから写したものかわからないのだが、次のような文を見つけた。

「人の心の喜びは、ただただ古き良きものを、思ひ返し、懐かしむことのうちにこそあんめれ。行く末を思ふことは、ただただ、心乱れ悩むことのみ多きものなり。」

古いものを知ることは、単に知的好奇心が満たされることだけではない。何かもっと深い、心の底から発してくる本質的なものなのではないか。

19世紀始めのイギリスの随筆家、チャールズ・ラムも書いている。

"Antiquity! thou wondrous charm, what art thou? that, being nothing, art everything! [...] The mighty future is as nothing, being every thing! the past is every thing, being nothing"

(古きもの、汝、驚くべき魅力。汝は何なりや。無であることによって全てである汝とは。……力強き未来は、全てであるが故に無にして、過去は、無であることによりて、全きものなり。)*

時は流れる。そのことは昔から誰もが、折りにふれ感じ、考えていることだが、人に見えることは過去だけであって、未来は見えない。古代ギリシャの哲学者が言ったように「私達は、過去を見つめながら、背中から未来に向かって突入していくのだ」。

見えない方向に突き進む。それは、全く、不安なことだ。時は流れつつ、つながっていることは確かだろう。ひとりの生命に終りはあっても、生命全体が続いていくことは確かだろう。しかし、未来を見ることはできない。今日、あまりにも軽く、未来の予測、あるいは変革が語られるが故に、私達は、かえって大きな不安の中に抛《ほう》り出されている。だから私達は、私達の立つ確かな所、心安んじる空間を求めるのではないか。それを探しに旅に出るのではないか。

懐古的になってはいけない。後向きに生きてはいけない、という言葉が、あたり前のように言われる。しかし改めて考えてみると、それはあまりにも浅い言葉ではないか。進歩、変革を絶対の価値と考えてきた近代という時代のつくり出した虚言ではないか。古いことを懐しむ、それは人間にとって、本質的なことであり、かつ、欠くことのできないものではないか。それがあってこそ、人は、未知に向かって進んでいけるのではないか。

「私のかへつて来るのは、いつもここだ。
古ぼけた鉄製のベッドが隅にある。**……」

と歌った立原道造と同じように、旅とは帰る所があってこそあるものであり、自分の依って来る所を見つけるためにこそ、人は旅に出るのではあるまいか。

*Charles Lamb（1775–1834）イギリスの作家・随筆家「Essays of Elia: Oxford in the Vacation」（1823年発行）
**立原道造（1914–1939）詩人・建築家「私のかへつて来るのは」（1938年頃の作品）

イタリヤ、ルッカの町の広場（スケッチブックにコンテ、2005年）
古代ローマの競技場跡。今はのんびりした広場になって、子供達が遊んでいる。

イタリヤ、ルッカの町の教会堂（スケッチブックにコンテ、2005年）
初期キリスト教の素朴な姿のまま残っていて、中で静かに祈る人の姿があった。

イギリス、ロンドンのテラス・ハウス（スケッチブックにコンテ、2013年）
サウスケンジントンにある美しく静かな住宅地の連続住宅群。

イギリス、バースのロイヤル・クレセント（スケッチブックにコンテ、1985年）
バロック建築の代表作。イギリス王侯貴族の保養地として知られている。

「私の部屋―書斎」（スケッチブックにコンテ、2017年）

「私の部屋―寝室と庭仕事準備」（スケッチブックにコンテ、2017年）

見る、描く、考える——旅で学ぶということ

若い時の旅で得たものは、かけがえのない貴重なものだ。年を重ねる毎に、その思いを深くする。単になつかしい想い出、ということではない。設計に取り組んでいて、何か大切な根本的な問題と向きあうような時、自分の心の底から沸き上がってきて、自分を支えてくれるものは、この若い時に得た、建築についての初源的な感覚である。何が良い建築なのか。何が美しいのか。たとえ世の中がもてはやしていたとして、このことはやっていいことか、やるべきでないのか。そうした判断は、理屈や計算からは出てこない。自分の心の底に問うしかない。その根底を作る大切なもののひとつが、若い時の旅だ。真剣で、夢中で、見て考えて歩いた若い時の旅だ。

ヨーロッパの建築を訪れる長い放浪の旅に出たのは、私の二十代の終わりの時だ。アメリカの大学での勉強と実務修行の数年の後、どうしてもヨーロッパの建築を見ずにはいられなくな

った。まだ外貨も、海外旅行も自由化されなかった時代のことである。

冬の大西洋を安い貨物船に乗って越え、ロンドンでしばらく働いたが、この時にはイギリスにあまり馴染めなかった。なまじアメリカと言葉が同じで、文化伝統に共通性が多いだけに、かえって違いが気に障った。今はそうではなく、むしろその違いが楽しいのだが、そのときは私も未熟だった、ということなのだろう。それはそれとして、この間に、しっかりした旅の準備ができた。何を見るか、どう見て回るか、1896年に出版された、バニスター・フレッチャーの「比較法による建築史」がその最良の案内役であった。

暗い湿った冬が終わるや、放浪への思い押さえ難く、先ずイタリヤのミラノに行って、フィアットの小さな車を買い、何時何処で旅を終えるか、全くあてのない、ただ見たい建築を見て回るだけの旅が始まった。

始めは北に上がってスコットランドで夏を過ごし、そこからゆっくりと南へ下がって、ドーバーを渡り、フランス、スイス、オーストリアからアルプスを超え、ユーゴスラヴィアを経てギリシャに達した。それから先は、ここからトルコに渡り、エジプトから北アフリカを通ってスペインへ行こうかとも考えていたのだが、第一次中東戦争が始まったので、それは諦め、ギリシャからアドリア海を渡ってイタリヤ半島の先端に戻った。

見たい建物のあるところまで来ると、近くの公園や森のキャンプ場にテントを張った。食べものは村や町の市場で求め、アメリカ以来、旅には常に持ち歩いているキャンプ用ストーブで料理した。満足できるまで建築を見、スケッチし、思ったことをノートに記しながら留まった。仕事から離れ、身分も所属もなく、全くの放浪無頼の旅だった。

一枚の写真を撮るために、良い光を待って何日も留まったときもあった。貧しかった私にとって、フィルムは高価なもので、それを格安で購入するために、ロンドンのコダック社で苦労したのであった。従って、建築毎に使えるカット数は「フレッチャー」に相談しつつ、あらかじめ決めてあったのである。このように、苦労し、熟慮しつつ撮った写真は、今日見ても出来が良い。

イタリヤから再び、パリに戻ったときは、もう初冬だった。マロニエの葉も散ってパリは寂しく暗い季節に入っていた。旅の途中で、お腹の大きくなったつれあいを日本に帰し、しばらくノルマンディの修道院に寄宿させてもらった後、パリの大学地区の安宿で、旅の間考えていたことをノートにまとめた。思い直し、考え直しては、自分を問い直した。これが私の二十代の終わり、今日に至るその後の始まりであった。

古代ローマの廃墟、ローマ、イタリヤ(トレーシング紙にコンテ、1967年)

II

出会った人、見つめた景色

新京——計画されたかたち

建築の道を歩み始めて60年、常に自分の基底に働いている、ふたつの、対照的なかたちがある。

ひとつは、計画されたかたち、幾何学の支配する、輪郭の鮮明なかたちであり、もうひとつは、自然に生成されたかたち、生命的な力の支配する、輪郭の曖昧なかたちだ。そのふたつは、私にとっては、少年期に見つめたふたつの景色、新京と新潟、と結びついている。そのことを先ず、今回と次回で書いてみたい。

少年期の四歳から十歳までの6年間を、私は満洲国の首都新京で暮らした。新京は、日本人の手によって満洲平野のほぼ中央に、計画・建設された都市である。20世紀初めの近代都市計画の、一つの秀れた例といえる。終戦と共に進駐した米軍司令官が、出迎えた新京市長に対して、「あなた方は、戦いに敗れはしたが、この美しい都市を建設したことを誇りに思うべきだ」、と述べたと伝えられている。

それからまた後のことだが、1980年代に入った頃、私がアメリカ、オハイオ州で開かれた日米共同研究の会議に出席した時のことである。私が自己紹介で、新京育ちであることを述べると、ワシントン大学（UW）の都市計画の教授であったJ・ハンコックが発言を求め、「新京は、近代都市の歴史において、最も注目すべき都市計画のひとつである。にもかかわらず、不思議なことに、日本の研究者は触れたがらない。それならアメリカで研究しようではないか」、と述べたことが忘れられない。

生まれた東京の町の記憶は、朧気だ。しかし、新京のことは、新京中央駅に着いて、馬車に乗り、広場を巡り、並木道を走り出した時のことから、鮮やかに記憶に残っている。新京の都市計画は、円形広場から放射状に伸びる広い並木道と、直交する道路で割られた街区を重ね合わせ、更にその上に豊富な緑地を配した、明るく伸びやかなもので、近代アメリカの都市計画を参考にしたものと考えていいだろう。

建物は煉瓦造りかRC造で、しっかりした壁で囲まれていた。公共施設等の大きな建物は、いずれも古典的な構成を基本にして、その様式は、西洋風もあれば、日本風、中国風を折衷したものもあるといったところだった。敢えて言えば、汎帝冠様式といったところか。

私達の住んだのは、政府職員官舎で、RC造3階建の棟が中庭を囲んで並び、その全体を煉瓦の塀が囲んでいた。その団地全体に、蒸気配管がなされていた。地域暖房のはしりである。友達や先生の家には、ロシア式のペチカもあれば、朝鮮式のオンドルもあった。この新都市においては、近代的あるいは伝統的地域的、様々な方式の試みがなされていたのである。部屋の窓は全て二重に造られていて、零下30度にもなる寒い冬でも暖かかった。寒い朝には、外側のガラスに氷の結晶が幻想的な絵を描いた。

広い並木道を歩いて通った小学校の建物は、2階建の煉瓦造で、広い校庭をL字型に囲んでいた。校庭は、冬には全体に水がまかれてスケートリンクになった。満洲育ちの子供の冬の遊びは、全てアイス・スケートであった。

新京には、いくつもの大きな公園があった。草の丘や森や花畑、そして大きな池の広がる公園は、子供にとっては良い遊び場であった。当時の新京の町の緑地率は、世界最高だったと言われている。樹木も外来種ではなく、地域在来種を用い、池やそれを囲む草地も、水系や雨水利用を考えに入れた、生態学的な造園設計がなされていた。並木に多く用いられたのは満洲特有の「ドロ柳」で、春にはその白い綿毛を風にのせ、夏は濃い緑の影を落とし、秋には高い高い青空がその上に広がり、冬には粉のような雪が、サラサラと梢の間を流れた。春のレンギョウの黄色、初夏のライラックの薄紫と白、そして秋の赤いサンザシの実、様々な草木が彩る町だった。

しかし、私達子供を最も楽しませてくれたのは、町のあちこちにある空地だった。建設最中の新京には、区画されただけで未だ、建物が建っていない空地、ハラッパ、が沢山あった。そこには、子供の丈を没する雑草が生い繁るバッタや蝶等の天国で、私達にとっては格好の探検、冒険の場所だった。

しかし、そうした空地の中でも、最高だったのは、宮帝府（満洲国皇帝の宮城）の敷地だった。立入禁止の鉄条網の柵は、あちこち破れていて、私達は、とがめられることもなく、自由に出入りしていた。丘や谷の起伏する広大な敷地で、その中に建設中の巨大な建物が放置されていた。列柱を立ち並べ、丸屋根を持ち上げているコンクリート躯体だけのこの巨大な構造物は、子供の私には、絵本で見た古代の神殿か中世の伽藍の廃墟のように見えた。私達は、その中に入り込み、あるいは、丘の斜面を走る野兎を追って遊んだ。そこは言わば、幾何学的な都市の真っ只中に、乱入した大自然、大平原とでも言うべき場所であった。

しかし、何と言っても、人工と自然の最大の対比は、都市の周縁、すなわち都市が終わって大平原が始まるそのエッジにあった。並木道を歩いて終わりまでいくと、突然目の前に、大平原が広がった。遠くに地平線が見え、そこに燃えるような夕日が沈んだ。夕日の沈むところが、蒙古の大草原、その向こうが砂漠で、さらにそれを越えていけば、そこがヨーロッパだ、と言った兄の言葉を心の中で思い返しつつ見つめたものだった。

人工的なかたち、幾何学的なかたちがつくり出す、鮮明な輪郭、そしてそれが自然と向かい合ってつくり出す対比、そうした諸々の力の上に、大陸の乾燥した気候、風土があった。乾いた空気が作り出す強い明暗の対比、四季の激しい変化、そうしたもの全てが、かたちの輪郭を鋭くし、対比を強調していた。そして更に、それに加えて、この都市に集まる人の多様性があった。

新京は日本人が築いた町で、日本人が多数だったとはいえ、雑多な民族の集まりであった。日本人同士も、日本の各地からやってきた集合体であった。満洲という地域そのものが、古くから、満洲人の他に朝鮮人、蒙古人、漢人、そして革命後はロシア人が混ざり住む地であった。新都市には、当然それらの様々な人が流れ込んだ。従って、雑多な民族の行き交う市場に連れて行ってもらうことは、まことに刺激的であった。見知らぬ髪型、服装、言葉が行き交い、珍しい食べ物が売られていた。露店で売られている食べ物は不潔だということで決して食べさせてもらえなかった。しかし、表通りにあるロシア人のお菓子屋には連れて行ってもらえた。店は小ぎれいに飾られていて、お菓子も美味しかったが、金髪の可愛い少女に会えるのが特別嬉しかった。物を売りにやって来る行商人の姿もいろいろだった。華やかな刺繍のエプロンを着けたロシアパン売りのおばさん、長いあごひげ黒い帽子に白い服の朝鮮アメ売りのおじさん、皆珍しく面白かった。

そういう様々な民族、風習、文化を包み込むにはこの新しい、伸び伸びと明るい街は、ぴったりだった。外の世界で何が起こっているか、私達は正確には何も知らず、毎日が平和で楽しかった。

しかしその平和で明るい世界は、終戦と共に、北から戦車を先頭になだれ込んできたソ連の軍隊によって、たちまちにして崩され消えたのである。

新京の冬（筆者が孫達のために描いた自伝的絵本「夕日と少年」より）

新京の夏（同上）

新潟——自生したかたち

終戦後のソ連軍の侵攻、そして続く中国の内戦によって破壊された新京を離れて、母の生家のある越後平野の北の古い町に帰り着いたのは、終戦の翌年、私の小学四年生の秋であった。キンモクセイの香りが、あたりいちめんに漂っていた。二カ月半に及んだ苦難の旅の果てにたどり着いた町は、静かな平安のうちにまどろんでいるかに見えた。

戦争は、この地にも、深い傷跡を残していたに違いない。戦後の改革、特に農地改革の嵐は、すでにこの幸せな町と人々を、大きくゆさぶり始めていた。しかしその大変動は、その時はまだ目に見えるかたちで、人々の生活を変えるには至っていなかった。目に映る風景は、江戸時代に完成したその美しいかたちを、その頃まではほぼ完全に保っていた。

町は、越後平野の中央を南北に走る、古くからの街道筋にあった。まだ舗装もされておらず、たまに通るバスやトラックが、遠くから白い土ぼこりをあげて近づくのが見えた。荷物を運ぶのは、牛や馬の曳く荷車か、人の曳く大八車で、それに天秤棒をかつぐ人の姿がまじった。行き交う人は、わらぞうりやわらじばきの姿も多かった。通い始めた町の小学校の子供達の中には、着物でぞうりばきの姿も多く、下駄ばきは普通だった。

　町の家は、この街道の両側に、丸石をのせた「こば（杉を薄く割った板）葺き」の平入り二階屋根を連ねて並んでいた。表に面した一階の軒先は、雨や雪の日の歩行用の空間となり、市の立つ日には、近郷から農作物を売りに来る人が露店を並べた。冬になると雪は一階の屋根を越す高さに積もり、自動車の姿は全く消えて、橇《そり》を曳く牛や馬と人だけが屋根より高くなった道の上を行き交った。表通りの軒下は、長いトンネルになり、上の道に登るための階段がところどころに掘られて、そこから淡い外光が射し込んでいた。

　家並みが終わると、広々とした稲田が広がった。そして遠く近く、点々と近郷の村落が見えた。いずれも、黒々とした高い木立に囲まれて、ひとつひとつまとまりをつくっていて、その黒いかたまりをつないで、白く光る街道が走っていた。村と村の距離は、少年の足でも無理ない長さで、今日はここまで次はその先までと探検するのが、私のひそかな遊びになった。平野の上には夏は爽かな風が渡り、入道雲が沸き、秋には刈られた稲が「ハザ」に懸けられて輝いたが、冬は一転して来る日も来る日も暗い雪雲がたれこめ、海鳴りの音が、暗く淋しい雪の平野を渡って響いて来た。

　町の通りに並ぶ町家は、その間口には大小あったが、いずれも間口に比して奥行が長く、表通りから裏通りに抜ける長い土間（「通りの間」と呼ばれていた）があって、それに沿って様々な部屋や中庭が続いていた。日本各地に分布している町家の類型のひとつと見ていいだろう。表通りに面して、間口いっぱいに「ミセの間」すなわち接客の空間があり、その奥に帳場があって、そこから、大小の中庭をはさみながら、座敷や家族の居間、板の間、台所、更には風呂場、厠と続いて、一番奥に土蔵や様々な作業小屋に囲まれた庭があり、そこに裏の道に通じる門があった。町のほぼ中央で、古くから薬屋を営んでいた母の生家は、間口十四・五間と大きかったが、そこから一寸離れた米沢に行く街道筋にあった本家は、更に大きな家であった。江戸の始めに、村上藩の家老職を辞して、この地方の開拓にあたった庄屋で、米沢藩の参勤交代の際には、その本陣を勤めていた。表には、通りの間への通常の入口の他に、賓客用の玄関が別に設けられていたので、その間口は主屋だけでも四十間を越える大きさがあった。それでも、その平面構成は、他の町家と共通の基本形に従っていた。

表通りには、商店だけでなく、大工、鍛治屋といった様々な職人の仕事場が並んでいて、その仕事の様子を外からのぞくことはまことに楽しいことだった。ミセの活気ある空間から、奥にいくに従って静けさが増していく部屋の配列、そしてそれらの部屋と様々なつながりをつくりながら置かれている大小の庭も、子供の私にはまことに珍しく面白いものだった。特に土蔵に囲まれた乾いた土の庭は、子供の遊び場であり、大勢の人がものを干したり乾かしたり、あるいは季節毎の特別な作業が行われる、興味尽きない場所であった。部屋が、常に縁側、土間、あるいは軒下といった、半外部の空間でとりまかれ、室内と外が、はっきり区別されていないことも、石や煉瓦の固い壁で囲まれた空間で育った子供にとっては、不思議な世界だった。

しかし実際には、不思議というよりはむしろ不安で、落ち着かないものであった。障子、ふすまで囲まれている部屋の内にあって、自分を包んでくれている空間が、どこからどこまでなのか定かではなく、その空間はさらに、奥へ奥へと続き、その果てにいつも暗闇があった。その暗闇は、とらえどころなく恐ろしく、それを谷崎のように「陰翳」として「礼讃」することは、まだ到底、無理なことだった。

家の中を通り抜ける「通りの間」は、固くたたき固められた土間で、天井は高く、そこに昔のお駕籠や槍が掛けられていた。そこからいろいろな部屋や庭に出入りできる、空間構成の中心軸が「通りの間」であった。長い歴史の中で作り上げられた、秀れた空間形式であり、子供達にとっては、駆け抜けたり、坐りこんだりと、変化に富む遊び場であった。

しかし一方、この空間もまた、少年の私にとっては、落ち着きがなく、不安なものでもあった。大きな家の中には、家族だけでなく、大勢の使用人が一緒に住んでいたが、そうした家の者だけでなく、商人、職人、客人、その他様々な人が絶えず、このドアもなく鍵もない空間に自由に出入りしていた。ミセの奥の座敷まで、一気に入ってきて座敷の火鉢の前の祖母に挨拶する人もいれば、更に奥の囲炉裏端まで来て上りこむ人もいる。早朝、浜でとれた魚をかついで売りに来る「ハマノカカサ」達は、台所の前の土間まで元気に走り込んできて、そこに魚をひろげる。勝手知った人は、裏の間からも、自由に入ってくる。自分の家、自分の空間は、どこからどこまでなのかとらえどころがない。

目に見えるかたちと、目にみえない秩序は同時に存在していて、互に他を支えあっている。こうしたことをきちんと考えることは、その時の私にはまだ無理だった。しかし、しばらく経つうちに、出入りする人は、全て皆古くから知っている人達であり、通りの間に勝手きままに入りこんでいるのではなく、それぞれの分際がはっきりしていることがわかってきた。一言で言うなら、そこには、時の流れの中で育まれ、皆に共有されている暗黙の秩序があったのである。そのことに少しずつ気が付いて、私の不安も消えていった頃、七年に及んだ抑留の解けた父が帰国し、私達はこの町を離れて東京に帰った。

日本が激変の時を迎えたのは、まさにこの頃からであった。美しい町や村、山や川は、次々に消え、人のつながりも失われていった。今、本家の建物だけは、国の重要文化財となって残っている。しかし、住む人が消え、住む秩序も失われ、ただ抜けがらのように残っている建物の中を、雑然と観光客が歩き回る姿を見ることは、むしろ寂しく、悲しい。

母方の本家　渡辺万寿太郎邸（新潟県、関川村）米沢街道に面した正面

同　五間幅の広い「通りの間」　表通りから裏庭に真直ぐに抜ける家の中の公共空間

東大キャンパスと大先生達――「戦前の時代」の終わり

私が大学に入った１９５６年は、思えば、終戦からまだ十年経ったばかりの時だった。その当時の自分の意識の中では、戦争はもう遠い昔になっていたのだが、キャンパスも、教わった大先生方も、全て戦前から続いてあったものだった。それは、見る見るうちに、姿を変えていったのだが、その時私の出会ったもの、見たものは一体何だったのだろうか。

入学した当時の駒場のキャンパスは、ほぼ戦前の旧制一高のままだった。戦後の復興期は未だ到来していなかった。しかし、正門扉の柏の記章や立ち並ぶ学寮、並木道沿いの木造の理科実験室等には、かつて憧れた旧制高校の牧歌的な雰囲気が残っていた。大学の教養課程という目標も方法もはっきりしない新制度の中で、熱中するような授業は見出せない時、心を充たしてくれたのは、高い切妻屋根に包まれてがらんと広い一高以来の図書館であった。旧制高校から移られた先生も多く、それが当時の駒場の一種独特な、超俗的な雰囲気をつくり出していた。

そうした先生の一人が、私にとっては図学の生田勉先生であった。先生は、すでにその時、マンフォードやコルビュジエの著作の訳書を出されていたが、住宅設計においても、助手の宮島崎春樹氏と協同で、「柿の木のある家」や「ソナチネ」シリーズの連作等、静かで優しい作品を続けて発表されていた。図学教室の奥の部屋で静かに製図板に向っておられる姿は、いかにも文人芸術家といった雰囲気があった。

後期課程に入って移った本郷キャンパスには、落ち着いて品格のある建築群が、並木道に沿い、あるいは広場を囲んで立ち並び、駒場とは一転して、重厚な雰囲気に溢れていた。しかし、建物に近づいてみると、いくつもの建物の外壁タイルは工事途中の粗いコンクリート壁のまま放置されていたり、主体構造自体も未完成で、鉄筋がむき出しになっているものも多かった。太平洋戦争の激化によって、建設が中止されたまま、戦後の十年が過ぎていた。しかしまた、統一されたネオ・ゴシック様式の建物以前の、古い木造の旧医科大学本館や山上御殿、煉瓦造の実験室や収蔵庫も散在していて、それが、キャンパスに奥行きと深みを与えていた。

本郷キャンパスの中心部を形成する建築群は、関東大震災の被害から大学を再建すべく、内田祥三の陣頭指揮の下、構想・計画・設計から実施まで一挙に行われたものである。今改めて数えてみれば、大震災より大戦勃発まで僅か十六年、この短期間によくもこれだけの大仕事がなされたと感心する。さらに驚くのは今では「内田ゴシック」と呼ばれるこの統一的な「ネオ・ゴシック様式」が内田祥三の手によって一気に生み出され、かつ、確信をもって実施されたことである。先にあった辰野金吾の様式をふまえていることは、はっきりしているが、そのゴシックの解釈は抽象化された極めて独自なものであり、更にその断面形・平面形には新しい状況に対応するためのいくつもの秀れた工夫がこらされている。たとえば、一階を地上レベルより半階上げて、その上に三層を乗せ、全体を四層とした断面構成は、多様な機能対応を可能にしつつ、震災前にすでに面積不足に直面していたキャンパスの容積を一挙に倍増した画期的な発想であった。

こういう大きな計画を短期間で実現すべく内田祥三は強大な指導力を発揮したが、その一方で、若い才能を柔軟に採用した。震災後、ロックフェラーの基金によって建設された、中央図書館の設計には、新鋭の野田俊彦を用いた。またキャンパスの中心となる「大講堂」の設計は卒業したばかりの岸田日出刀にゆだねられた。

大講堂の基本設計はその時すでに内田の手によって、ほぼ出来上がっていたのであったが、その基本設計の平面・断面は保ちつつ、その外観の「内田ゴシック様式」そして講堂内部の意匠を破棄して、キャンパスの中心の建築にふさわしい、より強い意匠とすることが求められたのである。この制約の多い、困難な仕事を、約四カ月で成し遂げた若い岸田の力も超人的なものに思えるが、その意匠が、内田ゴシックに連なる比例構成と落ち着きを保ちつつ、そこには無い新しい力強さと運動感を生み出したことに驚嘆せざるを得ない。濃い赤茶色の正面は、向い合う法文経大教室の凸型の壁と呼応しつつ二本の大きな樟《くす》の木を囲んでいた。その広がった枝の下は、構内最高の憩いの空間であった。私も幾度その下に坐って友人と語り合い、あるいは読書したことだろう。しかし、その頃読んだ建築書の中では、内田や岸田の仕事は無視され、山田守や吉田鉄郎の「新様式」が、今日的なものとしてもてはやされていた。さらには戦前の美術評論の旗手、板垣鷹穂のように、東大本郷の建築は「建築を淫するものだ」と非難しているものさえあった。なんと理解していいのか、当時の私には不可解だった。今の私は、流行をもてはやす評論とは、今も昔もかくの如きか、と嘆息するのみである。

岸田先生は、私が四年の時、定年で退官された。私達がその講義を受けた最後の学年だったということになる。三月のある日の、普通の講義の最後の日、突然、藤島・浜田・平山・武藤といった長老教授が、教室に入ってこられて、私達は何事かと驚いた。先生は、華やかな退官行事を良しとされず、その日の普通の授業をそのまま、最終とされて大学を去られたのであった。大学新聞には、その時期恒例の退官教授紹介の記事が出たが、輝かしい業績を書き並べる先生方の中にあって、「私の大学に対する貢献は、正門前に交通信号を設置したこと以外に記すべきことは無い」と書かれていたことが、強く心に残った。

岸田先生の「建築意匠」の講義は、私達にとって、決して印象に残るものではなかった。何を言わんとしているのかわからない、いや、むしろ、何も言うべきことがないもののようにさえ、思われるものであった。笑い顔もなく、優しい言葉もなく、ただ私達にとっては恐ろしい先生だった。

しかしある時友人のひとりが、『建築文化』に書かれた先生の文章を見せてくれた。そこには、広島の復興計画の委員長をしておられた先生が、アメリカ人、イサム・ノグチがその慰霊碑の設計者となることを、断固拒否されたことが書かれていた。その拒絶は決して容易なものではなく、日米両国政府、芸術界の重鎮そろって加えられた圧力に対しても、先生はひとり断固として「加害者に慰霊碑をデザインさせることは許さない」と、拒絶されたのであった。また、同じ頃、占領軍から返還されることになった代々木のワシントンハイツを、NHKが取得することに反対し、市民の公園とすることを決めたのも先生であったと聞いた。

先生は、戦後の文化、思想諸々の動きを、苦々しく思っておられたのか、いや、むしろ心の底で怒っておられたのではないか。伝統との連続を保ちつつ、新しきものをゆっくりと取り入れる動きが、決して根づかない日本に絶望しておられたのではないか。あのいつも怒った不機嫌な顔は、私達にではなく、世の中全体に向けられていたのではないか。しかしそれをおたずねすることもできないまま、私がアメリカに留学して東京に帰った時すでに先生は亡くなられていた。定年退官からまだ十年も経っていない時であった。

駒場キャンパス。学寮前の木造教室
（1960年頃　写真　鳥畑英太郎）

本郷キャンパス。安田講堂ポーチより、正面に向う並木道
（1960年頃　写真　鳥畑英太郎）

フィラデルフィアとペンシルバニア大学

１９６4年、大学院を中退して、アメリカに渡った。ルイス・カーンの作品の写真を見て魅きつけられたことが直接のきっかけであった。そのことはこれまで何度か述べたことであるが、そもそも、何故にかくも一瞬に魅きつけられたのか。後先の考えもなく、一挙に日本を飛び出す決心ができたのか。

その時の私は、大学院に残ってはみたものの、自分の目指すべきものが何であるのか、それがますますわからなくなっていた。そうした状況から脱すべく、仲間と設計グループを組織したり、雑誌に評論を書いたりして、それなりの反応を得たりはしていたものの、自分の心の内には、自分のやっていることが、世の流れの小器用な模倣にすぎないのではないかという、むしろ煩悶が大きくなっていた。とに角、日本を脱出して根本から自分を問い直したい、カーンの作品は、私の前にひとつの啓示のように現われたのであった。

飛行機で太平洋を越えて、ロサンジェルスから大陸横断のバスに乗って東に向ったのだが、途中立ち寄った町は、その大陸的な光と風、計画された都市の幾何学性が、少年期を過した満洲を憶い出させ、なつかしかった。シカゴの摩天楼群が、中西部の大平原の地平線から、徐々に立ち上ってきた時は、さすが胸が高鳴った。しかしダウン・タウンの通りを歩いてみると、地平線まで伸びる真直ぐな道を吹き抜けていく大草原からの風に、再び遠い満洲の香りを感じて、故郷に帰ったような気分になった。

ペンシルバニア大学のあるフィラデルフィアは、さすがアメリカ独立宣言の古都で、植民地時代からの古い建物が落ち着いた町並みをつくっていた。アメリカとは、歴史のない新しい国、鉄とガラスの機械文明の町と思っていた無知でナイーブだった私には、この落ち着きと静けさが新鮮な響きだった。

ペンシルバニア大学は、この歴史的な都心部のすぐ西側を流れるスキルキル川の対岸にあった。大樹の間に古い建物が点在する落ち着いたキャンパスで、その南端に、「リチャーズ・ビルディング」は建っていた。１９６０年代の始め、世界中を驚かせたこの建物が、決して奇抜なものでも、押しつけがましいものでもないことに、むしろ私は驚いた。向い側のチューダー風のカレッジの建物と、その素材感においても、スケール感においても、程よく連続し、昔からここにあったかのように自然にその場所に立っていたのである。自分の求めつつ、わからなかった目標が、はっきりと目の前に示されたような気がした。

マスター・クラスのカーンのストゥディオはキャンパスの中心であるグリーンに面した、

「ファーネス・ビル」にあった。建物に名を残している設計者フランク・ファーネスは、十九世紀ゴシック復興様式を独自に解釈して個性的な強い表現を作り出した建築家である。中世の城塞のような、あるいは大伽藍のようにもみえるその重厚な建物は、赤褐色の厚い壁の内に、美術学部の図書館の巨大な吹き抜けを抱き込み、その屋根階に、私達のストゥディオがあった。

高い壁が半円形にその空間を囲み、高窓から光が落ちていた。直線の壁を背にしてその光を見上げるように、カーンが坐り、私達はそれを囲むように丸く坐った。誰かが質問し、カーンがそれに答えた。授業は、いつもそのように行われ、問答・対話が全てだった。出された設計課題について、誰かがスケッチを示しカーンの批評を求めることもあったが、そういう時でも、カーンはその案について添削したり、手を入れたりすることはなく、その案から彼の受け取る問題を、とらえ直し問い直す、といったかたちで、議論が展開された。適切な言葉を求めて、彼は苦闘し、その言葉は時には長い独白となり、あるいは続く沈黙に変わることもあった。

その姿は、確かに哲学者のようでもあり、求道者のようにも見えた。しかし彼を、哲学者のように扱ってその言葉のみを分析したり解釈することにたいした意味はないと、私は思う。彼が、何かを真剣に求めていたことは確かだが、その思考には飛躍が大きく、概念は多義的で、言葉の論理とその体系化だけでは、求めるものは得られないことは、彼自身がよくわかっていたに違いない。

従ってカーンは、言葉を用いるだけでなく、歴史的実例に言及した。いや、言葉を豊かに深く用いるためには、歴史の具体例が必要だったのである。階下にある、美術学部の図書館には、素晴らしい作品集、図面集のコレクションがあった。特に、美術学部創立の時、フランスのエコール・デ・ボザールから招聘された教授達が持ち込んだ、歴代のローマ賞受賞者達の作品集は、素晴らしいものであった。私達は、しばしばそれを階上に持参することを求められ、カーンはそれを卓上に広げつつ、語り続けた。私が、歴史を過去にあっただけのものとしてではなく、今に続くものとして見ることを学んだのは、この時であった。そして、フィラデルフィアを去るまで、ファーネス図書館は、深夜閉館までを過す私の書斎のようなものとなった。今でもなお、ひとりの思いのなかで、私はしばしばこの空間に立ち帰るのである。

ロバート・ヴェンチューリ。カーンと並んで、私にとって最も大切な先生はこの人である。ペンシルバニア大学に留学して、最初に取った講義のひとつが、その「建築理論」の授業であった。ロバート・ヴェンチューリなる人が何者であるか、勿論その時の私は知らなかった。まわりの学生でも知っている人は少なかったと思う。私はただ科目の名称に興味をひかれて履習したに過ぎなかった。しかし、講義が始まるや、私はその素晴らしさに驚嘆し、圧倒された。その言葉の明晰さ、論理の正確さ、そしてその参照する実例、文献の豊富さ、適切さは、それまで受けたいかなる講義においても出会ったことのないものであった。建築の理論、あるいは広く芸術に関する言説が、このように正確でかつ深く、そして具体的であり得るとは、それまで考えてみたこともなかった。後にも先にも、この時程、夢中でノートを取ったことは無い。しかも一回だけでは勿体なく、卒業して就職した後も、こっそりもぐりこんで、計三回講義を聴いたのである。

ヴェンチューリの講義の要点は、「建築とは、まさに人間そのものがそうであるが如く、複雑で対立に満ちたものである。従って、その理解もまた創造も、伝統を尊重し、多様性・複合性を受容することにおいてこそ可能である」ということにあり、従ってその論は、必然的にル・コルビュジエ等モダニズムの巨匠達の過激な主張を批判するものとなった。その講義は、私がアメリカを離れて、イギリスに渡った1966年、出版されて今に残る名著となった。(『建築の多様性と対立性』鹿島出版会)

カーンとヴェンチューリだけでなく、1960年代のペンシルバニア大学において、広い社会性を持ち、また長い歴史性を踏まえて、建築の包括性、全体性をとらえる動きが生まれたのは、そこにボザール以来の歴史主義、様式主義が残っていたからだと言っていいだろう。そこまでの深い知識も理解もなく飛びこんだ私に、そのような貴重な出会いが与えられたことは、何という幸運であったことか。

ペンシルバニア大学美術学部のファーネス・ビルディング、外観

ペンシルバニア大学美術学部のファーネス図書館、内部

プロフェッショナルとはどういうことか

——建築の仕事を通して考えてみる

専門家（プロフェッショナル）になるとはどういうことなのか。それをお話しします。

ここには中学生、高校生がいます。自分のことを思い出せば、中高生時代はずいぶん遠い昔だったたなと思う一方、ついこの間だった気もします。将来自分はなにになるのかと思い始めたのが、ちょうど君たちの年頃だった。希望はあるけど不安もある。当然です。希望とは、まだ実現していないことがあって成立する言葉なのですから。

船乗りにたとえると、君たちは静かな入り江から、いよいよ岬を回って荒海に出る、ちょうどそのときにいる。これまでは先生や親に守られて静かな凪《なぎ》の海で勉強したり遊んだりしていた。でも、そろそろ荒海に出ていかなければならない。今日はそういう君たちに役に立つ話をできればいいと思っています。

建築の三つの条件

私は建築家ですから、建築を例にお話しします。

しかし、皆を建築家にしようとして話すわけではない。それぞれがやりたいと思っている仕事、たとえば文学でもいい、科学の研究でもいい、サッカーでもいい、それを私のいう「建築」と置きかえてください。

建築とはいったい何なのか。

すぐに浮かぶ答えは次のようなことでしょう。

①建築は人間を雨や風、暑さ寒さ、ときには外敵から自分を守るもの。

要約すると、利便、安全をもたらすもの、ということです。正しい答えです。ただし、これは三つの答えのうちの一つしか答えていません。ですから、これが試験なら百点満点中33点しかあげられない。よく考えてください。この答えは、動物の巣にも当てはまる。「守る」という点で同じなのです。オオカミだってクマだって巣をつくって子供を外敵から守る。では、動物の巣と人間の住まいの違いはなにか。これは二番目の答えにかかわる大事な点です。答えは「人間は一人で住まない」です。人間は誰かと住む。家族と住む。それだけではなく、誰かが訪ねてくる。ピーター・ラビットの絵本では、たくさんお友達が訪ねてきます。でも、これはお話の中だけです。実際のウサギの巣に、ウサギの友達が訪ねてくることはありません。

ところが、人間の住まいには、友達が訪ねてくる。つまりこういうことです。

②建築は人と人を繋ぐ。

言いかえると、共同体や社会に、かたちを与えるということです。学校も建築です。学校という建築があるので友達と繋がれる。先生と出会える。先輩や後輩とも繋がる。建築によって、学校というひとつの社会、共同体にかたちが与えられる。

動物にはそんなものはない。こんな反論があるかもしれない。子育てのとき動物は親子一緒に住むじゃないですか。これもよく考えるとわかる。小鳥は巣立つと、もう一度巣に戻り、親を訪ねることはありません。人間は親の顔を見たくて実家に戻る。君たちもやがて家を出ていくだろう。でも、そのことで親との繋がりが切れることはない。卒業して先生との繋がりが切れることはない。建築はその繋がりに形を与える。逆にいうと、どんな奇抜な面白い形をしていたとしても、人間と人間を繋ぐ力を失った建築は、ただの石の塊か、コンクリートの塊だ。ところが、これを答えられても、①と合わせて66点しかあげられない。もうひとつの働きがある。ただ、これはとても説明しにくい。がんばって説明してもなかなかわかってもらえないかもしれない。でも、古くから人間の作ってきた建築を見てみると、少しはわかるかもしれない。

君たちはなにか自分を包む大きなものがあることを感じたことはありませんか。しかしなんだかよくはわからない、だから、とても不安になるね。あるいはまた君たちはなにかの折に考えたことはありませんか。自分はいったいどこから来たのか。どこへ行くのか。そんなこと、誰もわからない。だから不安になるね。原始の人たちはいまのわれわれより、そのことを強く深く感じていただろう。日が昇り、日が沈み、大きな暗闇に包まれる。周りには野獣がいる。このちっぽけな俺たちは何なんだ。この果てしない大きな世界、自分を包む無限の宇宙のうちにぽつんと置かれている自分とは何なのか。その不安でちっぽけな人間と、巨大な世界を、なんとか結びつけようとして原始の人は建物を建てた。

③建築は自分と、自分を包むなにか大きなものとを関係付けるためにある。

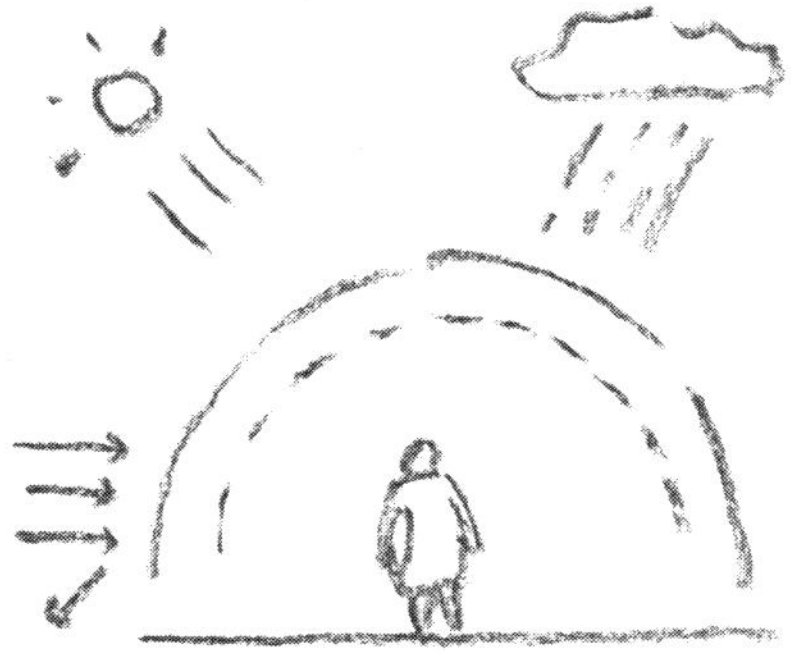

図1

図2

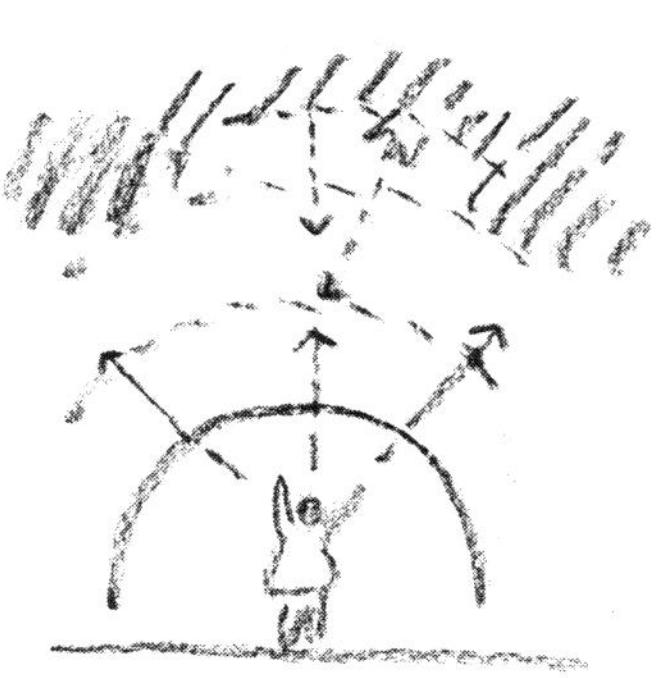

図3

生まれたとき人間は一人です。その一人の人間の上には、無限とも思える不可解な世界が広がっている。生まれてすぐ赤ちゃんは泣く。大きな世界に投げ出された不安で泣くのです。「これからどうしたらいいんだ」。これが泣く深い理由です。

君たちも、小さいとき机の下に潜って、これはぼくたちの家といって遊んだことがあるだろう。小さい子は原始人が感じていたことを繰り返しているんだ。一見、便利・安全になった世界に住む現代の大人が忘れたことが人間の心の底に残っていて、それを子供は繰り返しているのです。これが建築とは何かという問いに対する、三番目の、そしていちばん大切な答えです。

建築家の格闘

現在の建築家もまた、昔の人と同じく、いま述べた三つと格闘しています。そのことを、具体例で見てみましょう。

まず図1について。建築家は、建築を建てるときまず敷地を見に行きます。敷地はそれぞれ個性があります。頭上には大空が広がる。射す日差しの角度と強さ。吹く風の香りと強さ。人や鳥の声、車の音、工場の音。周囲の緑の広がり方。敷地ごとに違う。建築家はそれに反応して建築をつくる。雨や雪から人を守るために、日差しが適切に入ってくるように、心地よい風が入ってくるように、気持ちよく外が見えるが、しかし見えすぎないように、いろいろなことを考えながら建築家は建築を設計する。昔も今もそれは同じだ。ただ、現在の環境は、原始人のときより考えなければならないことが増えている。地震、津波等々、自然災害の恐怖は今も昔も同じだが、密集して住む巨大都市においては環境問題、交通問題等々、複雑で困難な問題が生まれてきている。これらにどう対処するかは現代の建築家に大きく問われている。

図2の人と人の繫ぎ方を考えることとも建築家の課題です。学校の例でいえば、小さい教室と大きな教室がある。教室と教室を繫ぐ廊下がある。校庭がある。校舎の昇降口がある。静かに読書する図書室がある。活発に運動する体育館がある。それぞれをどう組み合わせ、どう繫げば、楽しく充実した学校生活を送れるのか。

ぼくたち建築家は何度も絵を描き、模型を作りながら考える。部屋の大きさと形はそこに集まる人々にとって快適だろうか。部屋と部屋の繫ぎ方は、動いていく人にとって適切だろうか。それを繰り返し確かめます。そしてさらに、そのことを建築の現場で確かめる。建てるとはそういうことです。そのことの本質は昔から同じです。そして、いつまでも変わらないでしょう。人間が人間である限り、この建築は建築の本質は消えることはない、といっていいでしょう。

これは建築の図3の役割とも関係してきます。建築は過去と今、そして未来を繫いで建っているのです。人間は先祖、あるいは文化とも繫がるのです。いい建物はどこか古い昔の建物を、新しい形で蘇らせています。いいなあと思う建築は、昔から人間が作ってきたもの、たとえば日本の文化や、どこか外国の文化、そうした過去と君たちのいまとを繋いでいる。

たとえば、法隆寺を見てみよう。法隆寺は美しい。しかし、その素晴らしさは、単に美しいだけでは説明できない。法隆寺は飛鳥時代の建物だといいます。確かにいちばん最初は飛鳥時代に作られた。でも、それ以降、各時代の棟梁たちはその時代の技術の粋を尽くして、いろんなものを付け足してきた。あそこにいくと日本の建築の歴史がすべてわかります。すなわち法隆寺は、時を繋いでいるから、私たちの心を動かすのです。古代ギリシャの神殿であれ、中世ゴシックの大聖堂であれ、すべての秀れた建物は、時を繋いで建っているのです。

建築の根本を知る

これから、いくつか建築の歴史における具体的な例を見てもらいますが、それぞれの中に、この建築の三つの条件があることが理解できるでしょう。

まず、イギリスのソールズベリーにある遺跡、ストーンヘンジです［図4］。紀元前二五〇〇年から紀元前二〇〇〇年にあった先史時代の遺跡です。これを作ったのはどういう人たちだったのか、どうやって作ったのか。そもそも何のために作ったのか。円を画くように巨大な石が立ち並んでいる。皆が集まって歌ったり踊ったりしたのか。よく調べてみると、石の位置が春分、夏至、秋分、冬至といった天体の運行と正確に一致している。では、天体観測のためか。儀式のためか。お祈りのためか。おそらくそうしたすべてのことのために建てられたにちがいない。

図5はアイルランドの西の涯の海の小島スケリッグ・マイケル島[*1]に残っている千二百年前の修道院の遺跡です。この絶海の孤島へはアイルランド島から荒海を渡らなければならない。ぼくは船が出るまで三日間待たねばならなかった。冷たい風が吹きつける絶壁の上に修道士は石を積んで一人ずつの小さな家を作り、それもまた壁で囲んで寄り添って暮らしていた。四百年もの間です。昔の人は、なぜ、わざわざそんな大変なところに行ったのか。それはこの厳しい場所においてこそ、共に住むこと、そしてその上にある大きな力、すなわち神の力が確かめられると信じていたからです。人間とはそういう存在でもあるんだね。

日本にも面白いものがある。青森県にある三内丸山遺跡［図6］。一九九四年にこれが掘り出されたとき日本中が驚いた。ぼくの小学校時代は、縄文時代は原始的な社会だと教えられていたんだけどとんでもなかった。すでに紀元前四千年にものすごい文明があった。腐らないように根元を焼いた巨大な栗の木の柱が発掘されて、その大きさから直径一メートル、高さ二十メートル、六本と推定された。巨大な構造物でそれを中心にして農耕を営む集落があった。この

図4　ストーンヘンジ

図5　スケリッグ・マイケルの修道院

図6　三内丸山遺跡

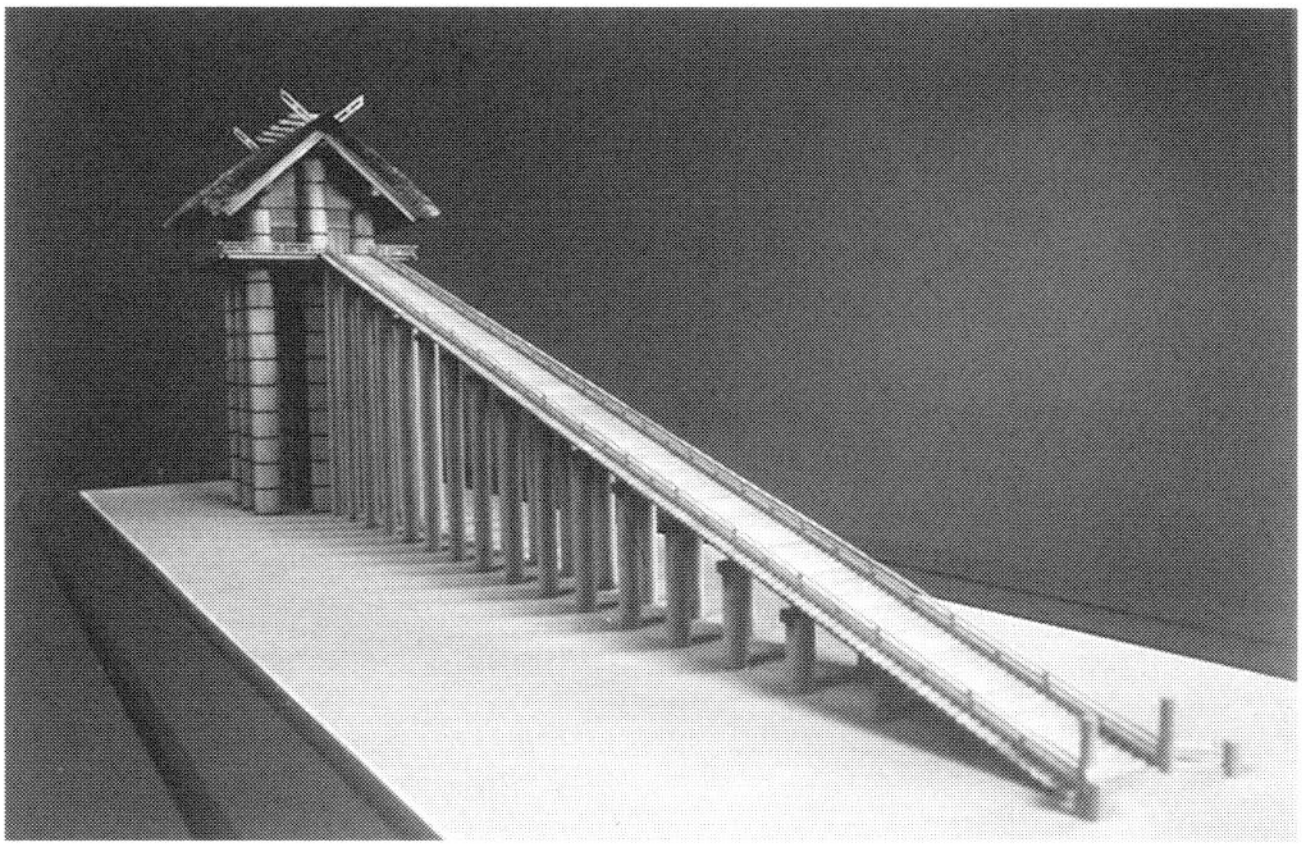

図7　出雲大社(復元模型)

巨大な木造建築は一体、なんのために作られたのか。いろんな学者がいろんなことを言っている。宗教のため。見張りのため。穀物を貯蔵するため。お祭りのため。喧々諤々だ。ぼくに言わせれば、それらをすべてやっていたにちがいない。皆が集まる場所であり、同時にお祈りする場所であったにちがいないだろう。日本の神社建築も民家建築も、このような高床式あるいは竪穴住居から独自の発達を遂げて、現在のような形になった。出雲大社は、いまある姿も堂々として力強いが、もともとの姿はなんと四十メートルの高さの柱の上に立っていたことが最近の研究で明らかになった［図7］。

ではその農家の例を見てみよう。岩手県の山の中の古いかやぶきの農家で、ひとり暮らしのおばあさんに会ったことがある。図8はそのときの写真です。おばあさんはおだやかで幸せにあふれた顔をしていた。体は弱ってきてはいたが、ひとりで何もかもやって朗らかに暮らしていた。君たちは「建築は人と人を繋げるというけど、このおばあさんは誰とも繋がっていないじゃないですか」というかもしれない。それは違う。おばあさんはひとりで暮らしてはない。おばあさんは、昔一緒に暮らしていた家族と共にいるんだ。神様、仏様とも一緒にいるんだ。この古い農家にはそれがあるんだ。建築にはそういう力があることを知ってください。

宗教建築も住居建築も始まりはひとつだったことは、世界のどの文化においても同じです。図9は、十八世紀のイギリスの建築の教科書からとったものです。ウィリアム・チェンバース[*2]

図8

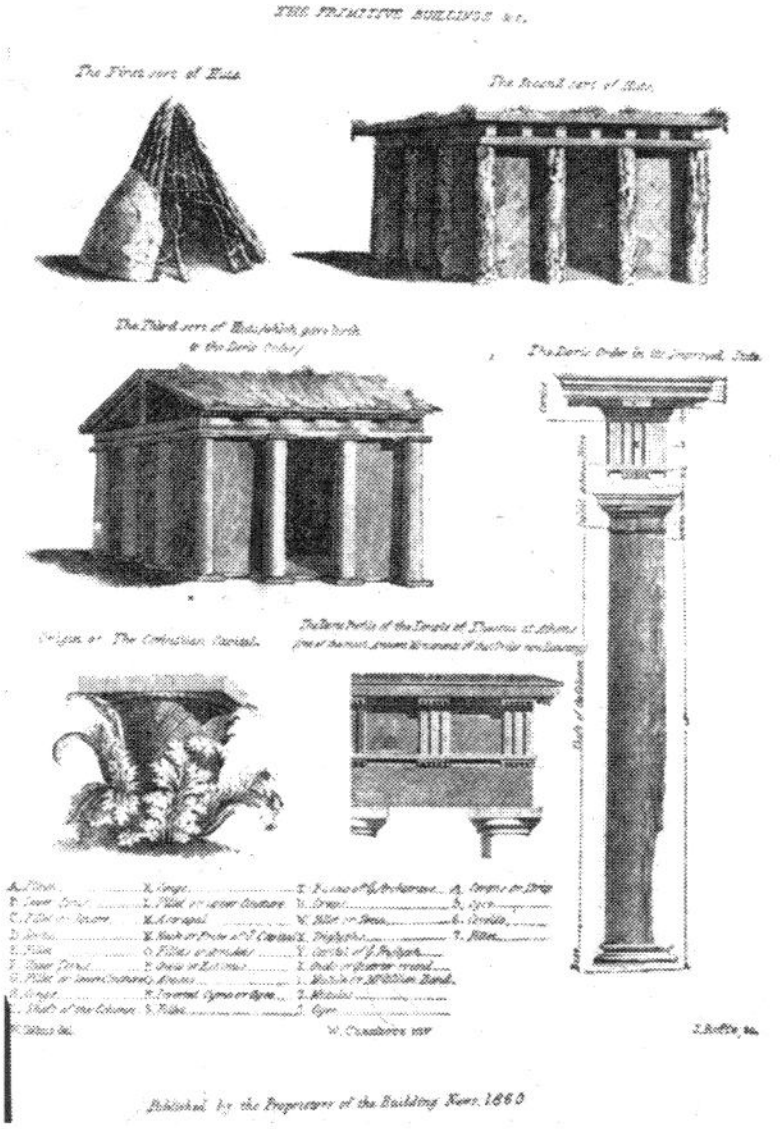
The First sort of Huts.
The Second sort of Huts.
The Third sort of Huts, which gave birth to the Doric Order.
The Doric Order in its improved State.
Origin of The Corinthian Capital.
Published by the Proprietors of the Building News. 1860

図9

という建築家の書いたもので、明治の日本でも広く用いられた。左上の素朴な住居から徐々に発展して、あの美しいギリシャ古典様式が生まれたことを説明するものです。はじめて西洋の建築を学んだ明治の建築家は、これを見て勇気づけられ、また安心したんだろうね。

海外での修行遍歴時代

大学を卒業して大学院に進み、最終的な専門の道を選ぶときになって、ぼくはとても悩んだ。誰にでもそういう時期はあると思います。ぼくは建築家という設計者になるか、歴史家という学者になるか、自信が持てなくなっていたのです。そのときアメリカのひとりの建築家の作品を知って深く心をゆさぶられ、その人の下で勉強しようと心に決めました。思い切って手紙を出したら、奨学金を出すから来い、という返事が来た。嬉しかったね。文字通り躍り上がった。当時、日本はまだ貧しく、外国からの奨学金がなければ海外留学はできない時代だったのです。

一九六三年、二十五歳のとき、ぼくはアメリカに向かった。当時の飛行機はいっぺんに東海岸に着けず、ハワイかアラスカで給油して、それからロサンジェルスかサンフランシスコに向かった。ぼくはそこからまた大陸横断のバスに乗った。バスは砂漠を通り、山や渓谷を越え、大平原を横切って、ひたすら東へ向かった。ぼくは途中であちこちの建物や町を見ながら、ひと月かけて東海岸まで行ったのです。

これがまずよかった。ぼくの目が一挙に開かれた。ちっぽけな悩みなど、一辺に吹きとんだ。アメリカは広いだけでなく、さまざまな人種文化が共存している国です。そのことにまず驚いた。そのひとつが、自然の中で古くからの生活を守っている先住民。

そのなかでもぼくが感動したのは、南西部に住むプエブロと呼ばれる人たち。プエブロの人たちは土の家に住んでいる［図10］。乾燥して日差しが強いので、焼かないでも土がレンガになる。英語でアドービ adobe という。省エネで断熱性がいい。これを段状に積みあげて住んでいる。内部は快適です。図11は、そのときぼくが描いた水彩のスケッチ。地面を掘ったお祈りの場所があった。こういう自然と共に暮らす生活が、現代文明の最先端だと思っていたアメリカにあったことが、二十代のぼくにとって衝撃だった。

そのような旅を続けてようやくフィラデルフィアに着きました。独立宣言が発せられた、アメリカの一番古い町の一つです。ペンシルバニア大学がそこにあった。その町にある建物が古いことにまた驚いた。アメリカに行ったらピカピカのモダンな建物ばかりだと思っていました。図12の建物は町の中心部をつくっているごく普通の建物で、ぼくも一時住んでいたものですが、当時ですでに百五十年くらい経っていた。しかし重要文化財でもなんでもない。当たり前の建物です。建築は、また都市は、単に雨風をしのぐ道具ではない。時を繫ぐ、すなわち古い時と

図10

図11

今を繋いでいるものだと理解して感動した。

ペンシルバニア大学の図書館も百五十年くらい前の建物だった。落ち着いた静かな、いい空間だったなあ。図書館の入り口ホールで学年の最後の作品を発表した。みんなで模型を囲んで議論する。図13でいちばん前でメガネをかけた人が、ぼくの師匠のルイス・カーン。[*3] 奥のしょぼくれた学生がぼくです。学校では、新しい技術や材料を学ぶだけでなく、ローマ時代や中世の建物の歴史もしっかり勉強した。そのことを学べてぼくは本当によかった。古いものを学ぶことによって、新しいものがはじめて生み出させることを、ぼくはここではじめて学んだんです。

それから夢中になって本を読み、また建物を見て回った。建物を見たらスケッチします。なぜスケッチするのか。写真を撮るだけでは知ったことにならない。描いてその建物を覚える。それが大事なんです。文章家はいい文章を暗記するでしょう。音楽家はいい音楽を暗記する。建築家はいい建築を暗記するんです。ぼくはそういう学び方で、アメリカからヨーロッパを回って、もう一度歴史的な建築を見直した。ヨーロッパでは八カ月テント生活をしながら建物を見て回った。図14はフランスのプロヴァンス地方にある、ル・トロネ修道院。[*4] そのときに見た建物のひとつです。祭壇から差し込んでくる光はいまも心の中にあってぼくを照らしつづけている。ぼくはこの教会の横にテントを張り、三日間にわたって教会を見続け、スケッチした。

図12

図13

図14

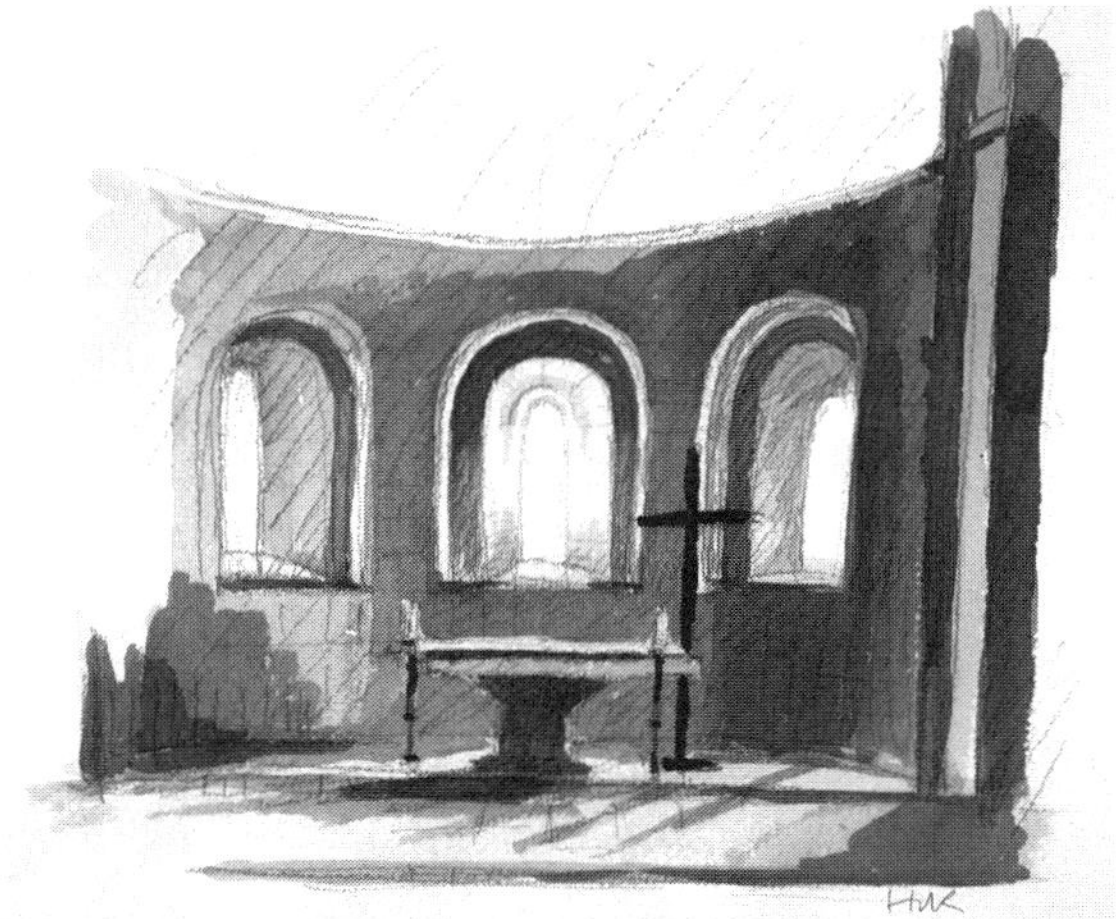

図15

図15は、そのときのものです。

ぼくが建築に込めた気持ち

ここからはぼくが設計した建築を紹介します。一九六八年の末に日本に帰ってきて、最初に設計したのが九州芸術工科大学の校舎です。学生と話しながらまずは模型を作った。学科は四つあった。それぞれ学科がどう繋がるのか。四つの学科がただあるだけなら、一つの大学に一緒にいる意味がない。四つの学科がお互いに個性を保ちつつひとつに繋がっていくのは、どのようなかたちか。その結果たどり着いたのが、各学科が中庭を共有することでした［図16］。

一九七一年に、東大に移りましたが、その頃の日本は経済の成長期をむかえ、大学も移転するか拡張するために、古い建物は壊して、新しい校舎にしようという意見が大勢を占めていました。しかしぼくは、建築には歴史を繋ぐ役割がある、簡単に壊してはならないと、何人かの先生と共に主張して、古いゴシック風の建物の上に新しい現代的な建物を載せる計画を提案し幸い実現した。図17は、工学部六号館の屋上に増築した建物です。これはとてもうまくゆき、皆喜び大学の移転拡張の声は消えました。

図18も古い町並を尊重しつつ新しい建物を作った例です。新潟県の関川村歴史資料館です。

図16　九州芸術工科大学（現・九州大学大橋キャンパス）

図17　東京大学工学部六号館

図18　関川村歴史資料館

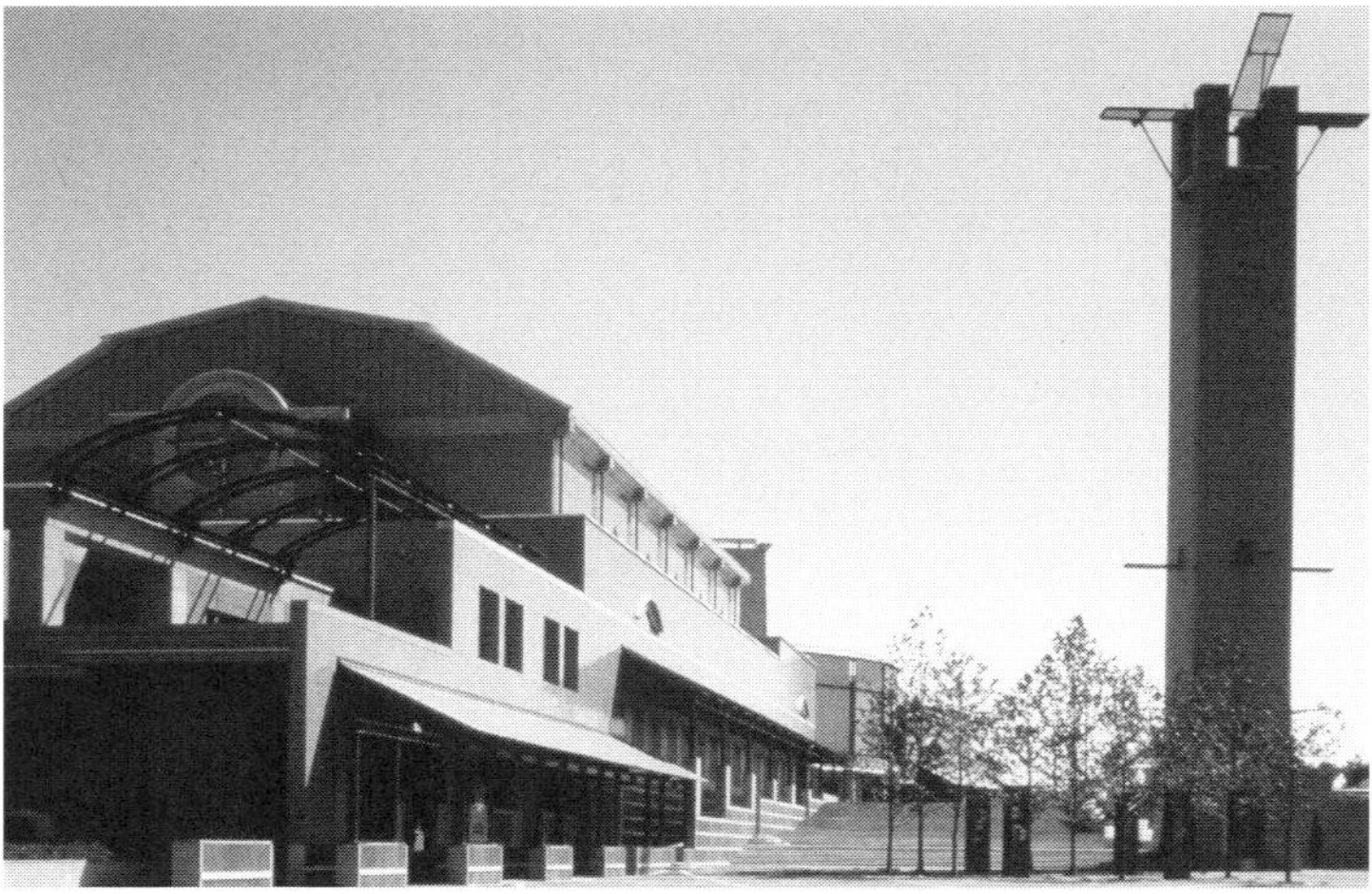

図19　彩の国さいたま芸術劇場

屋根は「石置きの板葺き」といって、古くからの伝統的な構法ですが、とても合理的な方法です。ただ、日本では火災に弱いといわれてなかなか許可されない。ヨーロッパやアメリカではいまでもよく使われているのに、日本の規則はおかしいと主張し、いろいろ工夫を加え実現しました。

図19は彩の国さいたま芸術劇場。ここには大小、四つの劇場がある。演劇専用の大ホール、クラシック音楽専用のホール、映像ホール。演劇やダンスやさまざまな用途に対応する円形劇場の四つの劇場を、どう繋いだらいいか。一つひとつの劇場それぞれの目的を実現するだけでなく、全体がひとつになる。すなわち劇場の集合したひとつの都市とする。それをどうしたら実現できるか。図20は、それをいろいろスタディしたスケッチのひとつです。何百も描いた絵のうちの一枚。駅から劇場に向かう人々は、真ん中の広場に向かってゆっくりと階段を上っていく。階段というより段状の広場。人々がそこで座ったり、ゆっくり景色を見たりできる。広場の下が、広いロビーになっている。それが図21。そこに上の広場から光が差し込む。形や大きさを変えて、いくつもの模型を作り、どの程度の明るさの光がいいのか考えます。

劇場で大切なことは何か。それは「一緒に見る」ということです。テレビヴィデオ等情報メディアが発達すると、もう劇場はいらないという議論が出たことがあった。しかしそんなことには決してならなかった。人は他の人と一緒になって観るために劇場に行く。建築はそのよう

図20　彩の国さいたま芸術劇場

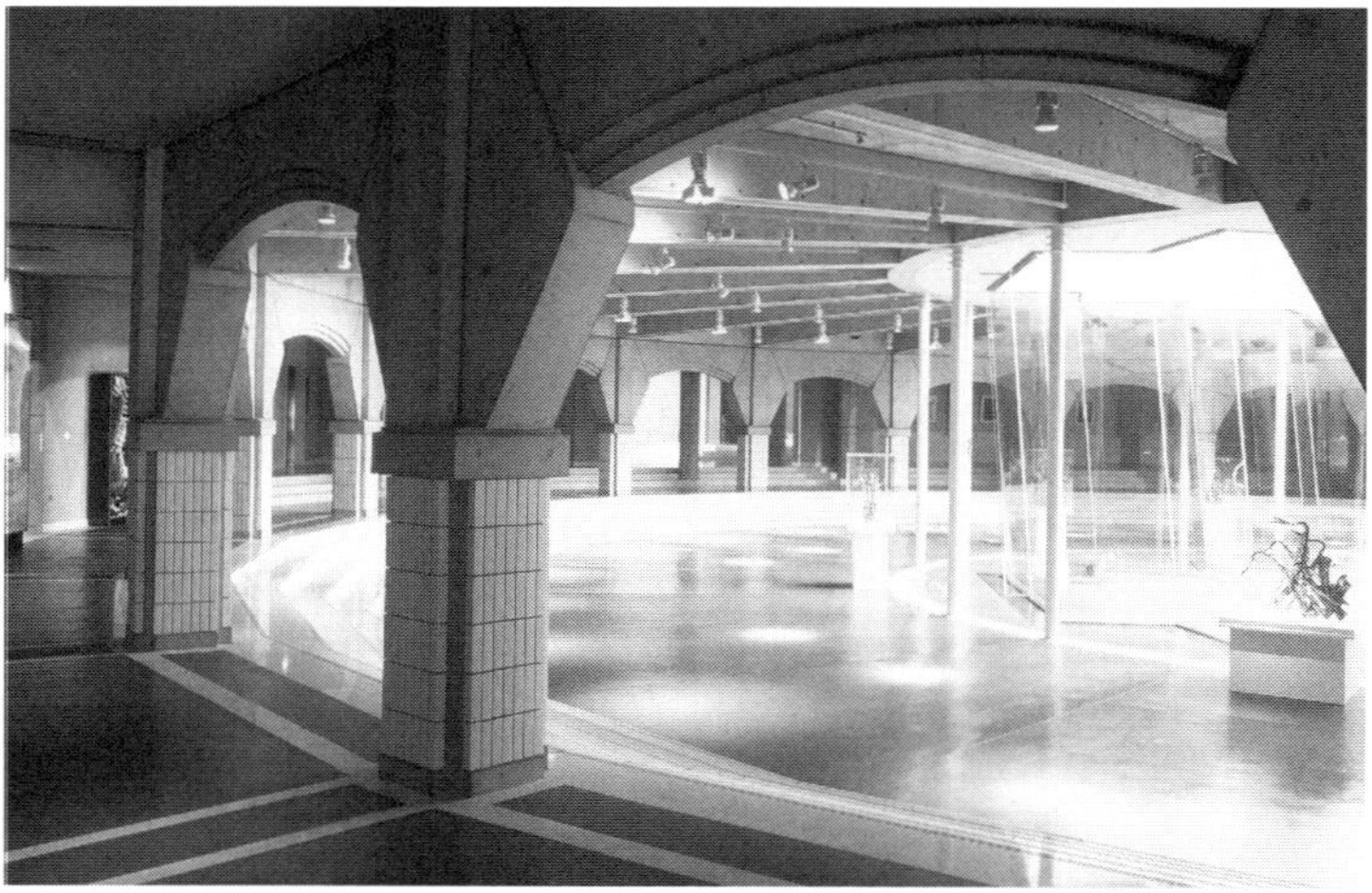

図21　彩の国さいたま芸術劇場

に人々をひとつにするものなのです。

北海道の函館にあるトラピスチヌ修道院は、百二十年程前にフランスの修道女が設立した古い修道院です。修道院の敷地はとても広い。そこで大勢の修道女が祈りと労働の共同生活をしています。表にきれいな庭があり、そこだけは一般公開されて大勢の観光客が訪れる。バロック風の階段があり、それをもとにしながら、その庭を、三十年くらいかけて少しずつ直した。図22の中央の彫刻は天使ミカエルの像ですが、こういう配置を少しずつ直しながら庭を整えていった。最後に中庭に休憩所を作った。この小さな修道院に、年間に二百万人の人が来る。たいへんな混雑となる。修道女の人たちに「先生、ここが静かになるように休憩所を直してください」と頼まれた。そこで十二角形の壁と十二本の柱に囲まれ、さらにその中にもうひとつ、柱で囲まれた壁があって、その上から光が入ってくる小さな建物を作りました［図23］。団体旅行客がざわざわ入ってきても、入った途端に静かになる。建築には力があるんだ。静かに坐ってお祈りしている人もいる。それでいつの間にか「旅人の聖堂」と呼ばれるようになった。修学旅行生がどっと入ってきて、バシャバシャ写真を撮る。ときどきね、その中に一人で戻ってきて、しばらくじっと坐って、また急いで帰っていく。なにか自分で、祈りたいこと、考えたいことがあったんだろうね。そういうのを目撃すると、本当にうれしい。

図24は、二〇一三年に完成した東大の新しい建物「伊藤国際学術研究センター」です。本郷

図22　トラピスチヌ修道院　前庭

図23　トラピスチヌ修道院　旅人の聖堂、内部

図24　東京大学伊藤国際学術研究センター

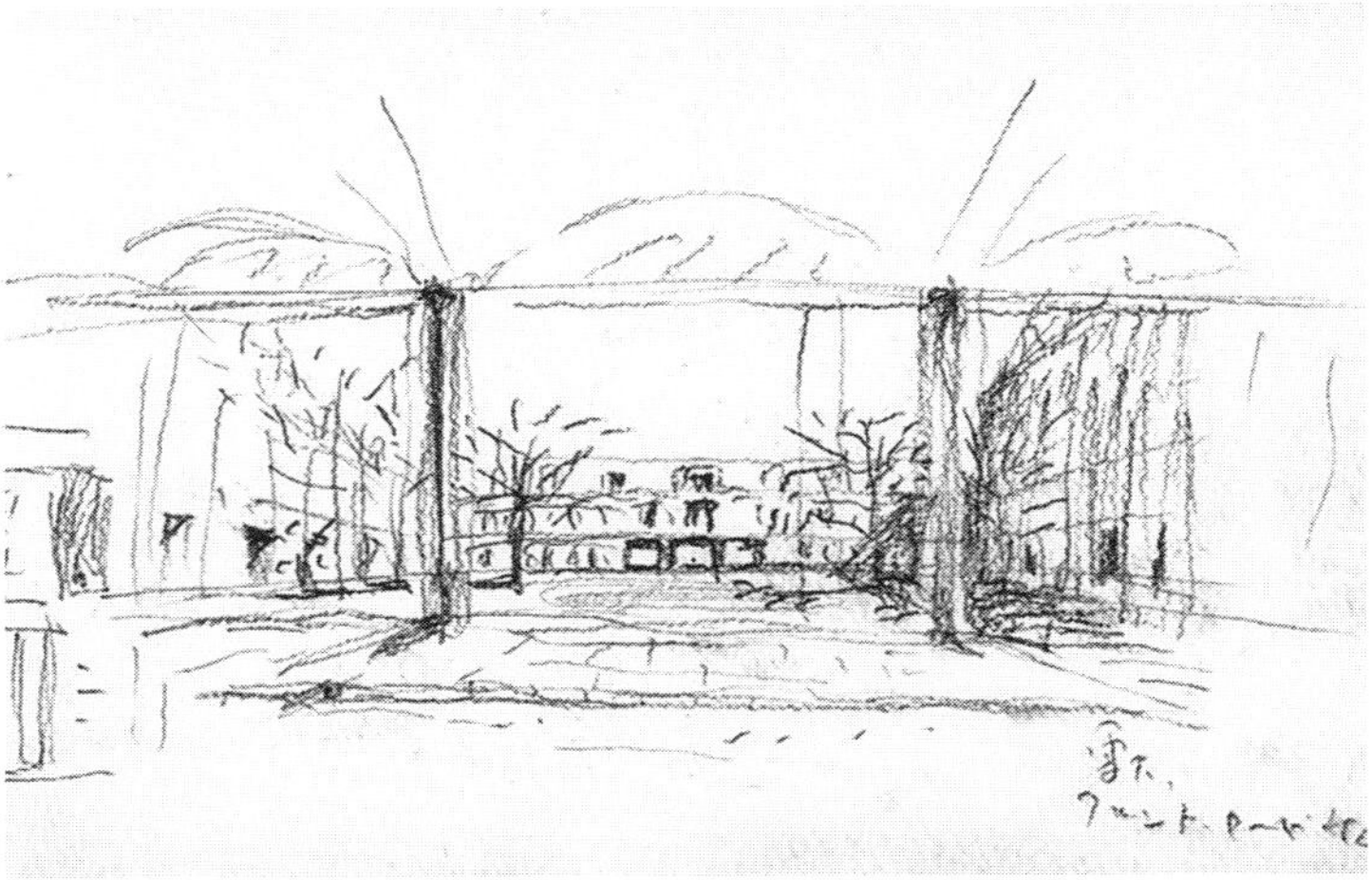

図25　東京大学伊藤国際学術研究センター

図26　東京大学伊藤国際学術研究センター

通りに面している。これは東大の新しい国際的な研究センターであると同時に、大学と街を繋ぐ広場であり、街に向かって開かれた門でもある。下に楕円形の五百人入る講堂が入っています。いま東大で外からの講演者を呼ぶときにいちばんよく使われる講堂になっています。その新しい建物の中に百年前に建てられた古いレンガ造りの建物を残して食堂に使っています。ここでも建築は人と人を繋ぎ、過去と現在を繋ぐ働きをしていることがわかってもらえると思います。図25は最初に敷地を見て考えたスケッチ、図26は最終的な絵でパステルで描いたものです。

本当のプロフェッショナルは誰か

さて、これまでお話ししてきた建築の例をもとにして、今日のテーマ「プロフェッショナルとはなにか」を話したい。君たちはプロという言葉をよく聞くでしょう。サッカーのプロ、歌手のプロ、将棋のプロ、いろんなプロがいる。では、プロの定義とはなにか。

君たちは「仕事でお金をとる人がプロで、趣味でやる人がアマチュアでしょう」と答えるかもしれない。それは間違ってはいない。しかしそれは本当の使い方ではない。プロフェッショナルにはもっと深い意味がある。アメリカの古い大学には、建築家、医者そして弁護士等を育てるためのプロフェッショナルスクールと呼ばれる専門の大学院がある。この三つのプロフェッショナル(専門家)を育てる独立した学校のことです。なぜこう呼ばれるか。

プロフェッショナルとはどういう意味か。professとは「告白する」「宣言する」という意味です。周りに向かって宣言すること。何を宣言するか。「私はこういう仕事でみなさんの役に立ちます」と宣言する。それを宣言した人がプロフェッショナルということです。

ヨーロッパで最初にプロフェッショナルと呼ばれたのは、学校の先生あるいは神父でした。学校の先生は同時に聖職者でもあったのです。先生、教師とは「私は教育に自分の人生を捧げます」と宣言したプロのことです。そののちに医者、技術者、建築家といった特別な技能をもつ人々もプロフェッショナルと呼ばれるようになる。お金を儲けるか、儲けないかではないのです。そもそも医者や建築家は、そのことでお金をもらわなかった。とりわけ建築家はお金をもらって仕事をしてはいけないと考えられていた。なぜなら、建築は社会全体のためを考えて作られるべきもので、自分の都合のいいように作られてはいけないものだから。弁護士も可哀想な人のために働く。医者も病気の人のために働く。お金をもうけるためではない。

プロのスポーツ選手は、契約金や年俸がニュースになる。いやだね。本当のプロフェッショナルとは、自分の人生を賭けて、その仕事で世の中に奉仕している人のことだ。有名だとか、テレビに出ているとか、お金持ちだとか、そういうことと一切関係ない。有名かどうかなんて、その人の仕事の価値となんら関係ない。今日はこのことをぼくは君たちに伝えたいのです。

アメリカの大学で教えていたときの卒業式でこういうことがありました。ぼくの古くからの友人の学部長がお祝いの言葉を述べた。その言葉は次のように始まった。

「これから君たちは建築家として社会に出ていく。君たちの仕事が社会に役立ち、君たちがそのことで報いを得られるように、神の力の助けを求めて、祈りましょう」。大きな講堂は静まりかえり、全員が沈黙して祈った。神というと異和感をもつ人がいるかもしれないけど、自分の力を超えたものと理解すればいい。そのときの英語はこうです。**Let's pray to God, which each one of us believe.** 友人はユダヤ人でした。卒業生にはユダヤ人だけでなく、イスラム教の人も、仏教の人もいた。アイビーリーグの大学はキリスト教の宣教師が作った学校なので、もちろんキリスト教徒がいちばん多いけど、キリスト教徒だけに語りかけているのではない。そういう考えにぼくは感心した。

何年かあとに、アメリカの建築家の大会に招かれて出席したことがありました。ジョージア州のアトランタという都市に二千人くらいが集まった。その開会の式はアメリカ建築家協会会長の次のような言葉で始まった。「ぼくたちの仕事は、社会に奉仕することだ、それができますように、それぞれ信じる神に祈りましょう」。大きな会場はしばらくの間、水を打ったように静まりかえった。ぼくは深く深く感動しました。専門とはそういう意識をもった人のことです。

ひとりの専門家として社会に出てうれしいのは、自分の仕事が世の中に役立つこと。それがひとつの手応えとして自覚できたときです。君たちの前には、そういう道がいっぱいある。どの道に行くのかは、まだわからないかもしれない。でも、わかるときがくる。もしかしたら道の途中で失敗するかもしれない。そのときはやり直せばいい。

人間にはいろんな才能が与えられている。どの才能が与えられているか、なかなか自分ではわからない。わかればいいねえ。そういうのを予測する方法があるといいねえ。でもそんな方法はない。だから不安になる。あせる。そういうときはどうするか。そういう君たちにぼくがいえることは、夢中になれることを一生懸命やればいいということしかない。

どういう場合でも、決して自分が好きでないことを選んではいけない。生活が安定するからとか、華やかだからといった理由で、職業を選んじゃいけない。金がもうかると思って医者になったら、ひどい医者が生まれるだろう。格好いいと思って建築家を選んだら、みじめなことになるだろう。

いま君が夢中になれることは何なのか。絵を描くことか。それもよし。夢中でやりたまえ。サッカーか。それもよし。一生懸命やりなさい。昆虫採集だって、詩を書くのだって、好きなように熱中するんだ。しかしここで君たち、中高生の君たちに付け加えて言っておきたいことがある。好きなことをやると同時に、他のこともできるだけ広く、興味を見出してやっておくことだ。これはとても大切だとぼくは思っています。なぜなら、人間はいろんなことができるように作られているからだ。幅広い知識や経験が後々役立つということだけではない。それによっていま夢中になっていることが、本当に君に適しているかどうかもはっきりするからだ。もし一時のものだったら、君子豹変す、だ。いさぎよく変わればいい。

世阿弥は『風姿花伝』のなかで、いい役者はひたむきになれる人だといっている。ひたむきとは直向と書く。まっすぐに向かい合うことだ。それができるのなら、その道を選べばいい。そうしたら君たちは、これから帆を高々と上げて荒海を越えて進んでいけるだろう。

――人はだれかと一緒に暮らすとおっしゃいましたが、孤独死が問題になっています。建築は人と人を繋ぐはずなのに、孤独死が起きるのはどうしてなのでしょうか。

つい最近、いい映画を見ました。イギリス人が作った映画で、原題は「スティル・ライフ Still Life」(邦題は「おみおくりの作法」)。君が孤独死に関心をもっているならぜひ見るべきだ。ぼくは本当に感心した。スティル・ライフとは静物画という意味で使われることが多いが、この映画では「静かな人生」という意味で孤独死を指している。日本では孤独死がニュースになるが、ヨーロッパ、とくにフランスなんかでは当然なことと受け入れられている。人間は孤独に死ぬんです。君たちは、なんと残酷なと思うかもしれない。親しい友人や子供たちに囲まれながら死ぬ場合だって死ぬとき人間はひとりです。

しかし反対のことを言うようだけど、人間はいつも決してひとりではない。確かにさっきのおばあさんはひとり暮らしです。土間からあがるのに床がとても高くてバリアフリーどころでない。一緒に行った学生が「おばあさん、高くて大変でしょう」と聞いたら「なんのなんの、這ってあがれば平気だよ」と笑った。その笑い声はおだやかで幸せそうだった。ぼくは、おばあさんは、物理的には孤独だったけど、心は孤独でなかったと思う。あのかやぶきの家の囲炉裏端で、おばあさんは共に暮らした家族・友人その他多くの人と、そしておそらく神様か仏様と、いつも一緒にいるんだとぼくは感じました。バリアフリーがなくても、そういう空間がある。どういう建築を作れば、そういう空間になるのか。ぼくにも本当のところはわからない。君が質問した問題は、人生を賭けて向き合う価値のある本当に大きな問題だと思います。ありがとう。

＊1　スケリッグ・マイケル島
アイルランド島の沖合十六キロに位置する。険しい岩山で、山頂付近に修道院がある。『スター・ウォーズ／フォースの覚醒』のラストシーンに登場するのがこの島である。

＊2　ウィリアム・チェンバース
一七二三年生まれのイギリスの建築家。イギリスを代表する建築であるキューガーデンやサマセット・ハウスを設計した。
＊3　ルイス・カーン
一九〇一年生まれの二十世紀を代表する建築家。代表作に「リチャーズ医学研究棟」「ソーク研究所」など。カーンの仕事と思想は、ペンシルバニア大学で薫陶を受けた香山壽夫による『ルイス・カーンとはだれか』に詳しく紹介されている。
＊4　ル・トロネ修道院
十二世紀に作られた中世建築のシトー会修道院。「この人達（シトー会の修道士たち）は、彫刻も、ステンドグラスも拒否し、構造体と窓から流れこむ光だけによる単純な形を求めました」香山壽夫『人はなぜ建てるのか』より）。

わたしの思い出の先生、思い出の授業

小学校三年生のときの先生、緒方先生のことを書きます。でも、正しくいうと、緒方先生はそのときは、もう小学校の先生ではなかった。なぜかというと、ぼくの育った満州（いまは中国東北部といわれている）は、終戦と共に一夜でなくなり、小学校も同時になくなっていたからです。ソ連（いまのロシア）の残虐な兵士たちが町になだれ込んできたかと思うと、それに続いて中国人同士がふたつに割れて、市街戦が始まっていた。

さてそのとき、国を失った日本人、学校を失った子供たちは何をしたと思いますか。なんと自

分から勉強を始めたのです。あちこちの先生の家に思い思いに集まって、残された汚れた教科書を用いながら。それは塾といっていいのか。しかし、受験のための塾ではない。狭い部屋に、戸板を並べて、皆、ただ面白くて夢中になって勉強した。食べるものもなく、明日どうなるか、生きて日本に帰れるかもわからなかったのに、どうして、あんなに勉強が面白かったのだろう。

先生は、ぼくたちに、君たちは将来どうなるにしても、しっかり勉強し、正しく強い心を持った人間になれば、世界のどこかで、必ず立派に生きていけると、繰り返し言われた。そしてその心がけを「べし・べからず訓」と題して大きな紙に墨書し、壁に掲げ、それを皆、毎朝大声で唱えてから、勉強を始めました。

何が「べし」だったのか、「べからず」だったのか、その言葉はもう正確には思い出せない。しかし、緒方先生のその大きな声と優しい目は、はっきり心に残っています。そして、なにか大切なことを行う際に、「べし」か「べからず」か、自分に問う慣いだけは、いまになっても消えないのです。

私達の美しい都市をいかに作るか

京都で建てることの喜びと責任

京都は美しい。その美しさは、他にない特別なものだ。なぜそのような特別な美しさが生まれたか。それは古い歴史が積み重なって作り上げられた、伝統に支えられているからだ。京都で建築を設計するということは、その伝統という長いつながりの中に加わって行くということである。それは建築家にとって、他にない喜びであると同時に、大きな責任を課せられることでもある。

建築のひとつひとつが美しくなければ、美しい都市は生まれない。しかし、都市全体はひとりの手によって作り得るものではない。多くの力が集まり、長い時の力が重なって、美しい都市は生まれる。都市とは、このふたつの力、すなわち、個々の建築を作り上げる力と、その全体を統御する力との均衡・バランスの上で成立している。それは、世界の美しい町、どれを取り上げても言えることだが、とりわけ、京都において良く示されている。それが見る人の心を、大きく深く揺さぶるのである。

世界の美しい町が、均衡・調和の内にその美しさを築き上げてきた、と言っても、混乱・危機の時が全く無かった町など存在しないだろう。しかし、そうした個々の都市の興亡の歴史とは別に、二十世紀の前半の先進国の諸都市を襲ったのは「モダニズム」の都市・建築理念である。「モダニズム」は、これまでの都市をつくり上げてきた、伝統的な「様式」を否定して都市を根本から改造することを主張し、また、個々の建築の個性を極端に強調することによって、都市の伝統的な統合を破壊した。まさにイギリスのチャールズ皇太子が「ロンドンはナチスの爆撃以上に、モダニズムによって破壊された」と述べたのと同じような状況が、世界中に一斉に起ったのである。勿論日本でも起った。そして京都もその例外ではなかった。

都市の美しさとは、皆が暮らす日常の空間の美しさである。それは、皆の共同の力によって長年かけて、はじめて生み出されるものである。しかしながら、現代の強力な経済と技術は、その長年かけて作られた都市の秩序を一瞬にして破壊する力を持つ。従って、それを守るのも皆の力しかない。そのことに、他に先駆けて気付き、市民の運動と、行政の対応が始まったのは、京都においてであった。これもまた伝統の力であろう。

そうした動きは、高まって、２００７年の京都市「新景観政策」となった。そして、それ以来、京都の町の美観に、明らかにひとつの落ち着いた方向が見えるようになったと思う。

柔軟な規制と節度ある建築

都市は、多様な活動によって支えられている。そしてそれは、絶えず変化している。そうした多様性と流動性の上に、都市は成立している。しかしながら、個々の活発な活動が基本だといって、各自が勝手なことをやっていたら、都市のまとまりは生まれない。そもそも個々の活動そのものが成り立たなくなってしまう。従って、全体が守るべき、基本的な約束事が無くては、いかなる社会も成り立たない。その約束事の中身は、場所によってまた時代によって色々だが、守るべき秩序の存在は、都市が成立するための必要条件である。古代都市においては、法の裁きは城門の敷居の上で行われ、そむいた者は門外にただちに放逐されたし、中世西欧の都市においても法に従わないものは、「無法者（アウト・ロウ）」と呼ばれ、城壁の外、森の中に住まねばならなかったのである。

都市に住むための約束事の中でも建築に関する規定は、最も大きく基本的なものであった。

日本の古代都市においても、同じである。「条坊制」という言葉が示しているように、建築が許される区画を定めることが、その基本であったが、そのことは、昔も今も変わりはない。しかし、時代と共に、都市の活動が複雑・多様になるに従って、その約束すべき内容も、位置、高さ、大きさから、建物種別と多岐に渡るようになって、今日の都市計画関連の法規・条例に至っていることは、改めて説明に及ばないだろう。

問題は、都市において、美しさはいかにして得られるか、ということである。とりわけ今日のように、多様化し複雑化した社会において、美を規定することは可能であろうか。建物の大きさ・高さといった寸法、あるいは構造形式、用途種別といった事は、条文で規定できるだろう。しかし、あるべき美しい形を、規定することは難しい。そもそも美そのものの本質を、言葉で記述すること自体が難しいのだ。

では、規定できないのに、なぜこれまで美しい都市は生まれたのか。美しい都市はなぜ作られたのか。それは、人々の生活の中に、「習慣」があり、「習慣」が空間の「型」を生み、そしてその「型」が洗練され蓄積されて生み出された「様式」があったからだ。皆の共通の約束であった「様式」が、都市のかたちを作ってきたのである。

「様式」という「形の約束」、あるいは「形の言葉」が失われた今日、都市の美はいかにして作り出せるであろうか。確かに美の何たるかを、言葉や数字で正確に記述できないだろう。しかしながら、私達は、お互いの内に、共通の美の意識はあると信ずることはできる。そしてその根底に、共通なものが存在していると考えることはできる。なぜなら、それがあるからこそ、私達は、共に集まって住むのではないか。都市の美の規定は、たとえ不完全だとわかっていても、作らねばならない。皆で作っていかねばならない。そして未だ描かれていない、より完全な美しいかたちに向かって共に生きていくことが、都市に住むということではないだろうか。

しかし、今作り得る規定が、決して完全なものではない以上、それは暫定的で絶えず修正されていかれるべきものであり、その適用は、可能な限り柔軟でなければならない。そして規則を状況に応じつつ柔軟に適用するためには、行使する側に、権威と共に、英知が必要なのである。一方、それに対して、個々の建築を設計する側には、造形手法の豊富さと、それを駆使する際の節度が無くてはならない。自分を誇示し珍奇を競うような建築から、都市の美は生まれない。そして更に市民の側においては、美を判断し評価する意識と感覚が存在していなければならず、また、それを育てる共同の努力が必要なのである。都市の建築は、たとえ個人が建築し、個人が所有するものであっても、都市という公共の空間をつくり上げているものでもある以上、皆のものであるからである。従って、その良し悪しについては皆で常に評価を加えそれを積み重ねていくものでなくてはならない。「景観政策」とはそのような、市民全体が都市に対する美意識を育てていくものであって欲しいと思う。まさに伝統とはそのように作られてきたものではなかったか。

京都市の「新景観政策」は、この大きな理想、私達共通の新しき美の秩序に向かっての大きな挑戦であると受け止めたい。これはゴールではない、スタートであると考えたい。新しい時代の新しい「様式」が生みだされるのか。あるいは、「様式」ではない、これまでになかった都市デザインの規定が可能なのか。

京都は、単に観光の対象であるだけでなく、これからの都市と建築のあり方を示さねばならないのである。

同志社中学校・高等学校の連続立面
様々な目的用途の校舎建物を、共通のモチーフ（切妻屋根、列柱等）と素材（煉瓦、塗壁等）によってまとめ、多様性を持ちつつ、全体に調和した一体性を生み出している。2007年の新景観政策に先立ち、建物高さ、屋根勾配、色彩の検討に加え、円通寺からの眺望景観の検討を行うなど、新景観政策の理念に取組んだものでもある。
（中学校・高等学校統合事業2006-2010、新南体育館計画2016-2020予定）

連続する家並みの上に、公共の建物（お寺や教会等）の大きな屋根や塔が浮かぶ。美しい都市のスカイラインは、基本的にそのようなものである。
（イタリア、フィレンツェの町並み 撮影 筆者）

美しい都市には、必ずそれを構成する基本的な都市住居の「型」がある。京都にもそれがあった。今日、それを残し、新しく活かして使おうとする動きが強まっているのは嬉しい。
（二条通上る夷町辺りの町家 スケッチ 筆者）

ロンドン、ベットフォード・スクエアのテラスハウス。
（スケッチ 筆者 2015）

空より見るロンドンのテラスハウス。大きく緑を囲みつつ、整然と並ぶ。
（撮影 筆者 1995）

二条通より見る ロームシアター京都（2015）
1960年に竣工した京都会館は、伝統的な建築の造形的・空間的特徴を現代に活かした傑作として、長く市民に愛されてきた。その特徴を保ちつつ、現代的に捉え直した歴史的な建築要素「裳階《もこし》」等を新たに改修によって加え、既存と調和させることで、今日に求められる公共施設として生き返らせた。（撮影：小川重雄）

近代建築の保存改修において何が問題か

――「京都会館」の例を通して考える

近代建築の保存改修はなぜ騒ぎになるのか

建築物の保修(=保存改修)は、絶えず行われている。生きて使われている以上当然のことだ。よい保修が重ねられていくことによって、建築はより美しく価値を増していく。その逆の例もたくさんある。傷んだから、使い難いからといって、いろいろ手を入れられた結果、無残な姿になっている例も、またある。いずれにせよ、建築という芸術は、博物館の中の骨董品ではない。絶えざる保修を加えられつつ生きているものなのである。

2010年の暮れ、新聞紙上に「京都会館を建て替えてオペラハウスにする」という記事が載ると、大騒ぎになった(日本経済新聞夕刊2010年12月24日)。「オペラハウス」とは単なる劇場ではない、巨大な施設で、到底今の敷地に納まるものではない。その大きさは、既存の岡崎公園や、他の周辺建物まで壊さなくては建ち得ない。当然市民、芸術団体、それに建築家・建築史家が加わって、疑問、反対、抗議の大合唱が起こった。私も当初、驚き、憤慨し、反対を表明した人のひとりである。

前川國男の設計によって、1960年に完成した京都会館は、戦後の日本近代建築の代表作であることは、今や、誰しも認めるところであろう。捲れ上がる大庇、それを支える鉄筋コンクリートラーメン構造の柱梁、水平に走る軒と縁等々の特徴ある意匠は、ル・コルビュジエを範としつつ、日本の伝統建築にも繋がるかたちとして、前川建築の特徴となり、続く建築家たちの多くに模倣されたものでもあった。私個人にとっても、建築家として生きることを決意させてくれた、最も愛着のある建物である。

「京都」とほぼ並行して設計が進み、1年後に竣工した東京文化会館は、多くの点で、「京都」に共通している。劇場としての機能も、建築細部の意匠も、「京都」の後を追った「東京」の方が、完成度は高いと言える。しかしながら、都市デザインとして見ると、「京都」の方が、はるかに内容が豊かで面白い。南側の二条通や西側の疏水に対する構え方、そこから中庭への空間への引き込み方、そして中庭から北側の冷泉通や東側の岡崎公園への抜け方。この魅力的な建築が、そんなあっさり消されてしまってよいのだろうか。私だけでなく、多くの人がそう思った。

モダニズムの傑作はなぜ改修されねばならなかったか

実は、誰も壊そうなどとは考えていなかった。しかし、建物の使用頻度は近年急速に減少していた。老朽化は進み、機能は劣化し、確かにこのままでは一刻も放置できない状況であった。その状況を初めに、客観的に述べておかねばならない。当時の施工技術は、いまだ発展途上の中にあり、そのため、現代に至ってさまざまな技術的問題が発生する。これらを現代の技術において、適切に保修することも重要な問題であった。

構造的問題から述べると、老朽化に加えて、現在の耐震性能に適合するための補強が必要なことは、この時期の建物に共通することである。しかしここには、完成直後から発生していた特別な問題があった。この建物の大きな特徴である大庇は、強度の不足から出隅部で脱落しかかっており、この対応策として、外側から鉄板を当て、内側から鉄骨で引き上げるという方法で措置されていた。しかし美観上も、信頼性上も、根本的に改良する必要があった。建物2層目の外周を水平に巡っているテラスも、この建物の魅力的な特徴であるが、水勾配が取られていない上に防水性が不十分で、いつも水がたまり、漏水していた。テラスの手摺は、ＰＣコンクリートを用いた特徴的なものであるが、排水対応の不全から、腐食と汚染が激しく、根本的な改良が必要であった。その他多々あるが、外装に関わるもののうち、主なものを列挙しよう。外壁仕上げに用いられている濃褐色の重厚なタイルは、その後前川事務所が展開する打ち込みタイルの嚆矢となるものであったが、付着が不安定なゆえに脱落しかかったり、不揃いが目立ち、それに対して処された応急措置が、さらに状況を悪化させていた。中庭や1階の床に用いられた御影石のピンコロ舗装や、入口の階段の切り石積みは、凹凸が激しく、転倒事故が絶えなかったので、既に一部撤去あるいは変更されていた。第一・第二のふたつのホールのホワイエには、鮮やかな色彩の立体派風の陶板壁画が用いられていたが、焼成が不完全で、自然崩壊が進行しており、補修も保存も不可能な状態であった。

内部に目を転ずれば、状況はさらに悪かった。特に第一ホールは、舞台関係者、市民団体等各方面から、以前より強く改善の要望がなされていた。舞台は狭く、袖も奥も足りない。演劇をやろうとすると、フライがない。舞台レベルが2層目にあって、人の出入りにも、搬出入にも、不便な上に危険きわまりない。ホールの音響の悪さは、完成直後より問題となり、さまざまな改良の提案が行われたが、満足したものにはなっていなかった。第二ホールも、舞台回りに不備があり、客席のつくり方、ホワイエからの入り方にも無理があり、既にホワイエの壁画まで、一部取り壊して改良が試みられていたが、その結果はむしろ混乱を増幅させていた。

竣工当初、二条通側外観（1960年）　写真：多比良敏雄

改修前、外の中庭で第一ホールの開場を待つ人々（2011年12月）

全体に関わる大きな問題は、ふたつのホールと会議室群等を繋ぐ共通ロビーが、初めの設計から存在していなかったことである。中庭が、全体を繋ぐ共通空間だと考えられていたのかもしれない。当時は、それでもよかったのかもしれない。しかし今日では、開場を待って列をつくる人、切符の購入に並ぶ人は、寒風に晒されたり、雨に濡れたりすることには耐え得ない。それだけでなく、今日の文化施設は、公演のない時でも、市民の溜まり場、出会いの場であることが求められるし、また、施設全体を一体的に用いるイベントやコンベンションの開催も可能でなければならない。そのような、全体をひとつに繋ぐ公共空間を新たに付け加えることは、この名建築を後世に生かすためには必要絶対条件となっていた。

経年によって劣化したり、欠損したものを可能な限り復旧すること、そして新しく付加せねばならないもの、たとえば耐震補強の壁体や、設備機器・配管等は、できるだけ目立たないように納めること。これは改めて言うまでもない。大庇は、すべて丁寧に保修し、耐力が不足し傾いていた出隅部は新しいPCをつくり直して保修した。不揃いで欠陥も目立っていたタイルについては、同じ構法を採用することは不可能であるから、同様の色調と大きさの煉瓦を製作し鉄筋で補強し積み上げることで、重厚感をつくり出した。PCコンクリートの手摺は、劣化が激しいものを除いてできるだけ既存のものを補修して用いているが、法規上必要な高さと水平荷重を補うスチールの手摺を付加せざるを得なかった。このような工夫を重ねて、大庇より下の外形は、構造躯体も、サッシの割付けも、基本的に忠実に原形を保存した。

しかしながらその内部は、大きく変更せねばならなかった。特に第一ホールを、これからも長く使用できるものとするためには、単に内装・設備を改良するだけでは対応できず、抜本的に、構造形式から改造する必要があった。まず2階レベルに置かれていた舞台を1階に降ろす必要があった。舞台として必要な広さとフライタワーの高さ、そして搬出入経路を確保するためには、それが絶対必要条件であった。建物の外郭の原形を厳格に保ちつつ、客席2000席をいかに確保するか。同じ枠の中で舞台が広がれば、客席は奥行が減る分、上に積み上げざるを得ない。かくして、1階席から5層のバルコニー席が積み上がり、客席の上部2層は、大庇の上の屋上に顔を出すことになった。西欧のオペラハウスに似た垂直性の強い客席空間、そして4階のホワイエから続く屋上のウッドデッキは、このようにして生み出されたのである。

第二ホールは、第一ホールとは違って、構造躯体はそのまま残し、既存の舞台機構はすべて撤去して、矩形の箱に還元した上で、現代劇場として新しいかたちを追求した。舞台全体は束立ての組立て床で、プロセニアムも反射板も幕類もすべて吊り物で対応し、客席椅子は座り心地を保ちつつ着脱式とする。そうしたことで、ブラックボックスシアターの仮設的な自由度を保ちつつ、本格的劇場の大きさと格調を持つものとしてつくり出した。全体に関わる最も大きな新しい特徴は、二条通から、ピロティ、中庭を通って冷泉通に抜ける新しい現代の「通り

改修後、2階共通ロビー（2016年1月）

改修後、1階プロムナード（2016年1月）

庭」をつくり出したことである。この空間は、既存のテラスとその下の軒下を、軽やかな金属の屋根とガラスの壁で包み込むことでつくり出したもので、言うなれば、伝統的な日本建築の1階回りに付加された「裳階《もこし》」である。これによって、はじめて、前川國男が当初から望んでいた二条通から冷泉通への「空間の抜け」が完全に実現し、そしてこれからの公共施設に強く求められる市民の自由な溜まり場が生み出し得たと自負している。

モダニズム建築保存の基本問題

建築の保存の問題は、必ず改修の問題に伴って起こる。ではなぜ、改修の問題が起こるのか。大きく言えばふたつの場合がある。ひとつは、建物が物理的に傷んできた場合だ。これだけなら、修理すればよいだけだ。技術的、素材的に難しい場合もあろうが、問題そのものは複雑なことはない。難しいのはもうひとつの場合で、建物の機能が変わったり、不足してきた場合だ。この場合も、新しい用途に合うように直せばよいのだと言えば、それだけだが、実はそれがそう簡単ではない。特に、モダニズム建築の場合、難しいことが起こる。これまでいくつか、様式建築の保存再生設計を経験してきたが、今回の設計で、改めてそのことを痛感した。

まず形態言語の問題。様式建築には、様式すなわち細部の形とその構成法が存在している。

（古典建築等の「オーダー（柱頭形式）」とか、「シンメトリー」「三層構成」といった「構成形式」）。

これらは一種の言語だからこれを習得していれば、正しく保存したり、応用したりすることができる。ところがモダニズム建築にはそれがない。そもそもモダニズム建築なるものは、過去を否定するための「モデル」、すなわち「模式」という語源の示す如く、自分自身の形式、様式を持って出発したものではない。様式ではないとしても、ひとつの形態言語だと言ってみても、幼児の叫び声や擬音語に近い。したがって状況が変わると意味が変わるかなくしてしまう場合が多い。

建築の平面形式について見てみると、様式建築は、「左右対称」とか「中心型」とかいう形式の上でつくられている場合が多く、使用機能とは独立である場合が多い。したがって、時が経って使用機能に変化が起こっても、その対応は、建物の形式を変えずに独立に扱える。ところが、モダニズム建築の場合は、機能が形態と対応している――少なくとも対応させようとしてつくっている――から、時代に応じて機能が変わると、その建築の形も変わることになる。状況によっては全部やり直さねばならない。ではどうするのか。そこの議論が大切なのだ。ところが、その議論がない。私たちが思い起こせる限りの歴史的建造物について考えてみて、すべて秀でた建物は、人びとが長年愛し、必要な保修を重ねつつ使い続けた結果残ったものではないのか。確かに、日本においては、安易に建物が壊されすぎる。したがって「残せ、残せ」と叫ぶ気持ちはよく分かる。しかしそのために「直すな、いじるな」と主張するのは、まったくの間違いだ。それでは建物を残す力にならない、そうではなく、心を込め、力を尽くして保修していかねばならない。

京都岡崎に生まれ育った人が、建築保存に関わる会議で述べた次の言葉を心に留めておきたい。

「この京都会館のある所は、私の小さい頃は、はらっぱでバッタを追っかけて遊んだところです。今の京都会館は私共の見たところまったく使われておりません。私は自動車屋ですが、使えなくなった自動車は邪魔になるだけです。とっておくなら使えるように直すのがあたり前ですが、建築の場合なぜそれを反対する人が出てくるのか。（中略）使えない建物なら残しておいてもしゃあない。壊してもろた方が、よろしいと思います。壊して、昔のはらっぱに戻して、バッタを追いかけられる方が岡崎の人びとは皆喜びます。」（岡崎自治連合会会長、澤邊吉信氏の発言）

ロームスクエアからの外観　写真：小川重雄

中庭からのプロポーザル時の外観ドローイング　作画：香山壽夫

「建築の保存」——生かして使うことの大切さ

建物の保存に、多くの人が関心を持つようになってきた。古い建物や町並みの保存運動に多くの人が集まるし、昔ながらの町や村を訪ねる旅も盛んである。五十年前、１９７０年代の始め、歴史家の稲垣栄三先生と一緒に、東大本郷の建物を保存再生して使おうと提案した当初の、周囲の冷たい反応を思うと昔日の感がある。

確かに改めて考えてみれば、建物とはもともと手入れし、必要な時には手を加えつつ使うものだ。昔から、それはどんな建物にもおいても、あたり前だった。竣工直後から、様々な使い勝手の変更に応じて、大小の改装が行われるのは、通常のことである。古民家の面白さは、数多くの増改築を重ねたことによって生まれてきた。このことは、記念建造物・宗教建築等においても同じで、ゴシックや、ルネサンスの名作の数々から日本の古社寺まで、全て、改変を重ねて今日に生きているのである。改めて言うまでもなく、建築は、床の間の飾り物でも、博物館の展示品でもない。生きて、使われるものである。それは、建築が建築であることの、基本である。そしてまた、地球上に生きる全ての生き物にとって、安定して持続する環境が必要であると同じく、私達人間にとっては、安定して続く町と建物が無くてはならない。これが保存が大切であることの、基本的理由である。

国が、古くは「古社寺保存法」に始まって、建物や町並みを保存のための様々な法律を定めてきたのは、そのためであるし、最近では、各地方自治体が各種の条例で、建築の保存に努力するようになったのは、まことに嬉しいことである。その上に、最近ではユネスコの指定する「世界文化遺産」などが加わってきた。

しかし、この辺から、方向違いの「保存騒ぎ」も目につくようになった。「世界文化遺産」の指定を求めて、市町村で、あるいは国を挙げて大騒ぎする。市町村指定の「歴史建造物」等の場合も同じようなことが起っている。何のための大騒ぎか。「ブランド」名が欲しいためである。何のための「ブランド」か。観光客誘致のためと言う。しかし、建物の価値は、生きて使われているところにあるので、観光客目当てのために保存されている建物は、実際に見るとつまらないものだ。お祭りの飾りみたいなもので、すぐ飽きが来る。

「指定」を受けたいからといって、「既存の建物に手を加えるな、そのまま残せ」と主張されることも多い。これでは、建物は死んでしまって、残ったものは生命の無い抜け殻となる。保存の理念として、「オーセンティシティ」とか「インテグリティ」とか、わけのわからない言葉をふりまわされることもあるが、これも困る。保存再生の設計において大切なことは、第一に、既存の建物の特徴を生かすこと、そして、第二に、新旧の部分が調和していることという、誰にもわかる平明なことなのだ。保存設計の要点は、既存の建物の特徴を生かしつつ、新しくしていくことに尽きる。そのやり方に、上手もあれば下手もある。その良し悪しの評価は大いに論ぜられるべきであろう。そうした健全な保存の論議が育っていくことを望むものである。

現代建築の再生

——何を、いかに、なすべきか

建築の保存とは、使えるようにして生かすことである。建築芸術とは、生活の内に生きる芸術であるから当然のことであろう。では、何を、どう生かすのか。

これまで、本郷の東大校舎の擬ゴシック様式、あるいは上野の科学博物館の擬古典様式等々、いくつかの保存再生設計に関わってきた。そのような、歴史的様式にもとづく建物の場合、目標は定め易い。改修すべき機能や空間が、保つべき、歴史的様式言語と、独立しているので、互いに他を乱しあうことが少ないからである。ところが、モダニズムのような、機能主義建築の場合、機能と空間を新しい要求や条件に応じていじるとなると、機能によって基本的に組み立てられている形態そのものをいじらざるを得ないことになる。何を保存するか、何を改修するか、大変難しいことになり、判断はしばしば混乱する。

東京芸術劇場は、東京都心の駅前に立つ、四つの劇場をひとつにまとめた、巨大な公共施設である。日本経済の絶頂期、１９８０年代後半に企画、設計され、90年代に完成した、総工費３００億の巨大プロジェクトで、恐らく、この種の施設としては空前絶後のものであろう。

大ホールは２０１１席、中ホールは８６０席、ふたつの小ホールはそれぞれ４５０席、３００席の規模を持ち、それらは全て上下に重なって積層され、地下23ｍから地上57ｍの巨大な量塊となって、池袋駅前広場に立ち上っている。楽屋・展示室等々の付属諸室、そして共通ロビーを含めると総面積は４５、０００㎡に達する。

四つの大・中・小のホール空間が、上下に重ねられていることが、この巨大な施設の特徴であるが、それと並んで特異なのは、全体の共通ロビーとなる巨大なアトリウム空間である。ほぼ42ｍ×42ｍの正方形平面の上を、最高高さ29ｍの、巨大なガラス屋根が、池袋駅に向かって、対角線方向に削ぎ落とされたような形で、覆っている。

アトリウムに、駅前広場の人の動きが、そのまま連続的に流れこむことが、原設計者の強い意図だったようで、アトリウムへの入口、あるいは広場との境界は、あいまいにつくられ、広場の敷石のパターンは、そのままアトリウムに入りこんでいる。

そして、このアトリウムから、最上部の大ホールに向かって、長大なエスカレーターが一直線に伸びる。その頃はまだエスカレーターが人を驚かすものであったのである。

その巨大で豪華な施設が、完成後20年で、大幅な改修が求められることになった。通常の設備維持更新のための改修でなく、劇場の個性を一新し、強化することが求められたのである。何故か。細かい理由は省いて一言で言うと、それまでの貸し館を主にした運用を改めて、企画を自主的に行っていくことでなければ、そしてそれに市民も加わってくるようでなければ世界に冠たる都市東京の中心劇場として恥ずかしいと考えられるようになったからである。そのための施設としては、使い易く維持し易い施設が望ましく、バブル期のような過剰な装備は、むしろ無い方が良い。と同時に、個々の劇場は独自の個性を持ち、演じる人はここでぜひ演じたい、観る人もここで観たいと思うようなものでなければならない、ということになってくる。

個々のホール空間だけでなく、先ず、劇場全体が、都市に向って、ここは特別な場所なんだ、ということを強く訴える表情を持つ必要がある。アトリウムに入れば、駅前広場とは一転した雰囲気が人々を包み、劇場に向って空間を上昇するエスカレーターは、通勤途上の駅のものとは全く違う、喜びと興奮を誘うものでなくてはならない。

私達が、改めて設計者としてこの建物と向かいあってみると、この建物には、すでに、そのような特質が、隠れてはいるが、備わっていることに気がついた。ではそれをどのように引き出せばいいのか。

四つの劇場は全て内装を一新した。このことはすでに述べたところであるので、繰り返さない。四つの劇場は気を付けて見るとすでに生まれた時から、その対称形の軸を重ねて正面をアトリウムに見せていた。ただそれが長大なエスカレーター、無意味な泉水等々によって隠されていただけなのだ。エスカレーターは、正面からはずしてアトリウムの周壁に沿って上昇させることにしよう。そうすれば、巨大な吹抜けの中央を、突き抜けるように上昇・下降する人々の不安、危険は解消するし、アトリウム全体を見上げ、あるいは見下ろす気分も最高だ。

アトリウムの床の仕上は、これまでは外の広場と同一のものが内部まで続いていた。しかし、それは改装して、広場とは別にすることにした。違いがあるからこそ、つながる喜びも強くなる。囲いにも入口にも、はっきりとした形を与えよう。そうでなければ、入るとき、出る時の興奮は生まれてこない。

書き出せば、きりがない。細かい工夫は、次々に湧き出てきて、私達も楽しかったが、建物も喜んでくれたと思う。一方、やりたくて出来なかったことも、沢山ある。アトリウムに向かって重なっている四つの劇場の正面性を強調するために、堂々とした「帝王階段」をつけたかった。正面性を自ら否定しているような、斜めに傾いたアトリウムのガラス屋根は、架け替えたかった。これらは、いずれも、予算の制約により途中で、断念せざるを得なかった。

しかしそうしたことも全て含めて、改修とは原設計者との時を超えた対話である。その対話を松田平田設計との協働チームで、力を合わせて行えたのは、まことに得がたく貴重な経験であった。原設計者芦原義信氏には、喜んでもらえるはずだと思っているが、確信はない。

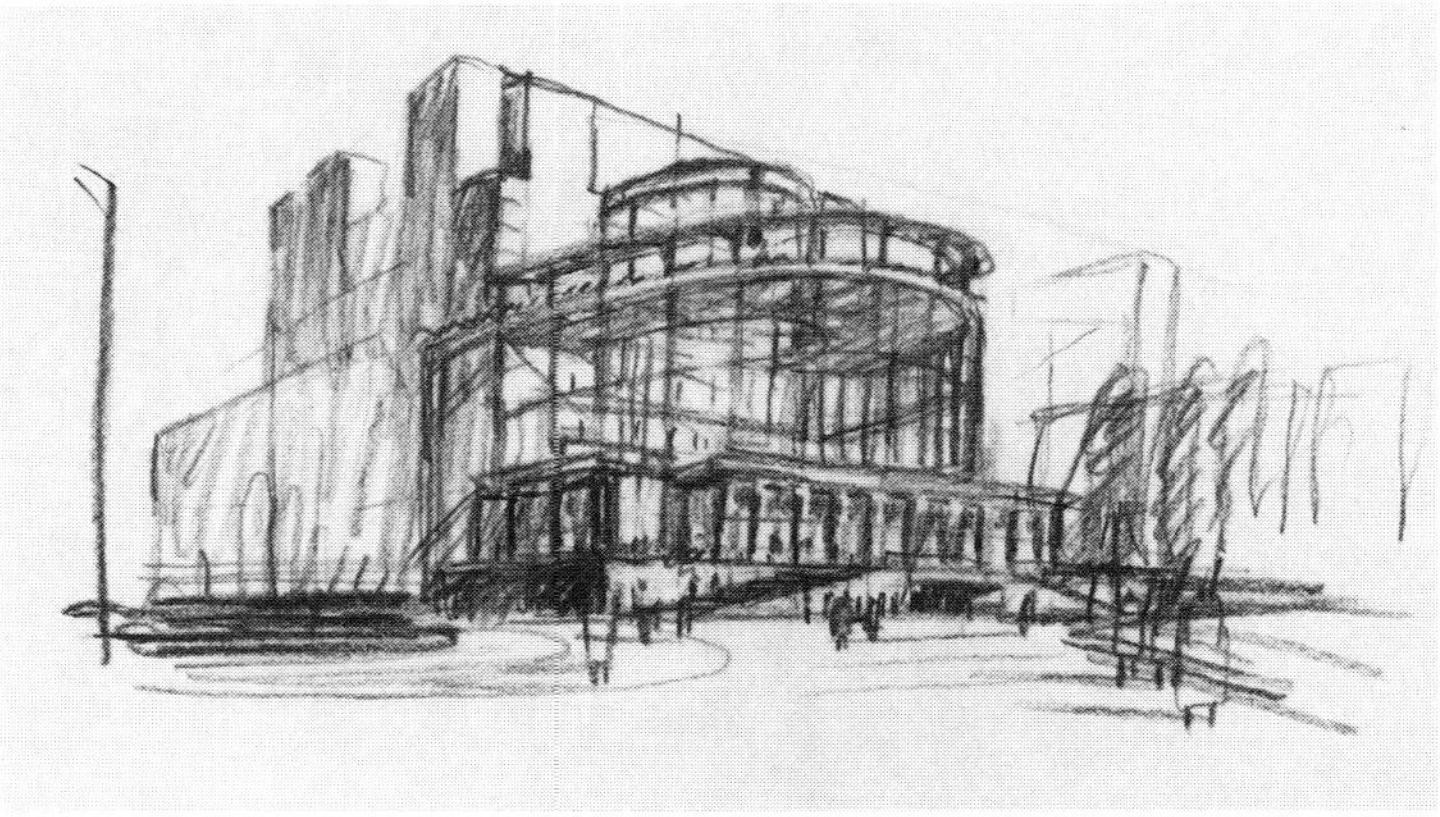

プロポーザル時のイメージスケッチ　外観

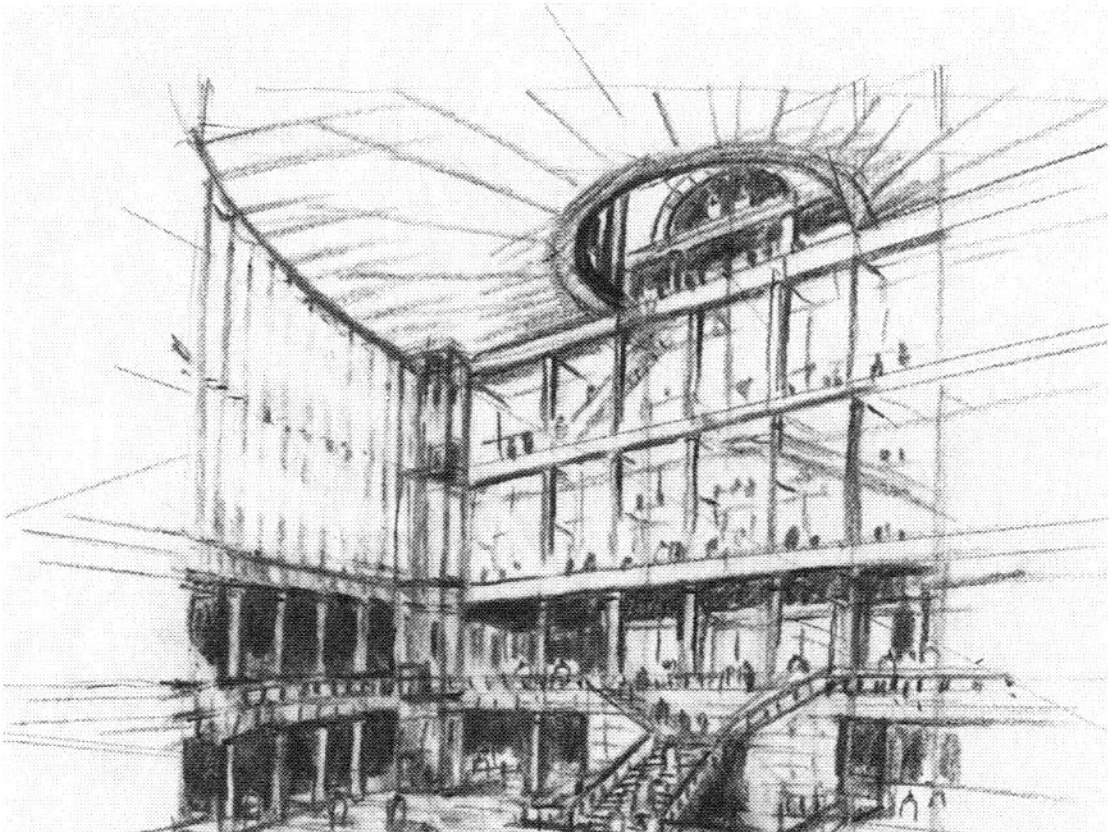

同　アトリウム

建築と言葉の関係について
――映画『もしも建物が話せたら』から考える

長島明夫・香山壽夫

映画のなかの建築

長島　『もしも建物が話せたら』という映画がまもなく公開されます。今日はこの映画を起点にして香山先生とお話しするということで、「建築と言葉の関係について」というテーマを事前に決めておきました。みなさんご存じかとは思いますが、『もしも建物が話せたら』は6人の監督によって各地の文化を象徴するような6つの建築が描かれ、なおかつその建築が自分で喋るという特異な設定で作られた作品です。この問題設定を中心に、まず先生にご感想を伺いたいと思います。

香山　僕も2週間くらい前に初めて観せていただいたんです。別に宣伝する役を買って出る資格もないのだけど、面白い。昔から建築と映画は色んな面で似ていると言われますね。監督がいて大勢のスタッフがいて作るといったようなことから、まさに今日のテーマの「建築が語る」ということまで。すなわち建築家は建築のかたちの意味——今日の話では言葉ということですが、それを考えながら作る。映画監督もそうでしょう。僕が学生の頃、ミケランジェロ・アントニオーニという面白いイタリアの映画監督がいて、僕や1学年上の原広司さんなんかは熱狂して観ていたのだけど、彼も建築の勉強をしてから映画監督になったと言われます。

今回の映画は、それぞれ定評のある映画監督が自分で建物を選んで、その建物を写している。語る言葉を聞くというのは、人間の場合もそうですが、お互いのなかにずっと入っていくわけです。ですからこの監督たちも建物の声を聞きながら入っていく。そういう点で6つそれぞれに面白いというのが、この映画についての僕のいちばん基本的な感想です。

タイトルでは『もしも建物が話せたら』と仮定文で書いていますが、実際建築を作るときに僕たちは、建物の声を聞きながら作っている、とも言える。後で色んな話が出てくるかもしれませんが、建築家が敷地の前に最初に立つとき、例えばライトでもコルビュジエでも、敷地がなにを求めているかを聞くと言います。その姿勢は建築設計の基本だと思いますが、さらに広くいうと、ある意味で芸術家はみんなそうです。ミケランジェロがダビデの像を作ったときに言った有名な言葉がありますね。みんなが「ミケランジェロ、あなたは神のような人だ。よくこんな石からすばらしい像を作った」と言ったときに、彼はこう答えた。「いや、私が作ったのではない、あれは神様が作ったんだ。像が石のなかに隠れている。私はそれを見つけて掘り出したにすぎない」と。ミケランジェロは詩人でもありましたから、特別な言い方かもしれませんが、他の芸術家もみんなそうした根本において共通だと思います。日本の有名な棟梁の西岡常一さんだって、「良い建物を作るには木の声を聞かないといけない、木がどうなりたがっているかを聞いて作らなきゃいけない」と。それを電動のノコギリでばーんと切ったって、良い建物なんてできないと。みんな同じことでしょう。これは後でもうちょっと、長島さんとの対話のなかで展開できればいいと思いますが。

6話あるうちの第1話が、ベルリン・フィルハーモニーの建物。ハンス・シャルーンという人が設計した。これはまさに、「建物が話せたら」というテーマが分かりやすい建物をよく選んだなと思います。よく知られている建物ですが、うねったようなかたちに作られていて、そのなかに聴衆を抱き込むような空間になっている。通常のコンサートホールはたいてい細長いかたちで、片側にステージがあって演奏し、それをみんなが並んで聞くわけです。でもこの建物は違う。ワインヤード形式と言いますが、中央にステージがあって、ブドウ棚のように段々になって周りを囲んでいく。それはシャルーンが以前から思い描いていたかたちなんです。シャルーンは建築の歴史のなかで表現派と言われている人です。なにを表現するのか。簡単にいうと、命を表現する。すなわち植物が大地から生えてきたり、人が小さな細胞から子どもになっていく、生きものが育っていくように、建物を作ろうとした。その命の働きというか、僕たちの体のなかでうごめく情念みたいなもの、これは芸術を作るときのひとつの大きな力です。ですからまさに建物が表現をして、語りかけてくる。

2番目がロシアの国立図書館。この建物は、おそらくよほどの人でないと知らないと思う。200年以上前に建てられたロシアの巨大な建物で、様式でいえば古典主義。でも不思議でね。ちょうど第1話と対比的です。あまり建物は写っていない。帝政ロシアのエカテリーナ2世が集めた膨大な本がある。それをひたすら写している。それとその本を抱えて動くロシアの図書館員。暗い顔をしてるんだよね(笑)。陰鬱な顔をして本のなかを行ったり来たりしているのをカメラが追っている。なんなんだこれは？　という感じです。一口で説明できない。だけど僕はとても面白いと思った。

例えば今日僕たちは、蔦屋がここにこういう空間を作ってくれているおかげで、集まることができる。普通建築は、そういうふうに人間を集めるかたちで作るのだけど、この図書館は、ひたすら本を集めるために作られている。本を読ませる気持ちがあるのかという感じですね。ただ膨大に積み重ねられているだけ。厚い革表紙の、ほとんど聖書だと思いますね。アポカリプス、ヨハネの黙示録、と書いてあるのが見えた気がした。昔の図書館は、本を読ませるという気はなかったんです。みなさん本を読んでくださいしかも無料で読んでくださいなんてことは考えられなかったわけで、本はひたすら集めて保存する。ウンベルト・エーコというイタリアの面白い物書きがいますが、あの人が面白いことを書いています。フランスの国立図書館にある中世以来集められている膨大な本は、どれだけ読まれたかというと0・0何パーセントしか読まれていない、あとは積まれているだけだと。2番目の監督は本ばかり撮って、ほとんど建築は撮っていない。しかしあの建築があればこそ本が集まっている。そして大きな閲覧室のなかに人がいるのがチラッと写ったりしていますね。色んなことを考えさせられますが、それはみなさんもご覧になって考えてみてください。

3番目のノルウェーのハルデン刑務所、これも行ったことがある人はいないでしょう(笑)。僕もこの映画を観て初めて知りましたが、最新の刑務所らしい。最新というのは建てられたのがたまたま新しいというだけではなくて、作り方がね。昔風の、悪いことをした人に懲罰を与えて閉じ込めておくのとぜんぜん違う。明るくて綺麗でね。中でサッカーをしたりバスケットボールをしたり、みんな個室と庭が付いていて、こんなところなら外にいるよりよっぽどいいんじゃないかという建物なんです。しかし、壁が絶えず映る。

刑務所とはなにか。基本的にいうと、壁によって世界が仕切られているということです。壁の中に入ったら、刑期が終わるまで出られない。建築が人間になにかを強制するということとの決定的なかたちが刑務所に出ています。強制という言葉は強いですが、一般的に建築の強制はゆるいものです。例えば学校で、先生は子どもたちに「教室は勉強するところです」と言うかもしれない。しかしそう言われたって、勉強する子もしない子もいるでしょう。トイレはトイレだと言ったって、その中でタバコを吸う人もいるわけだ。そういったように、建築においてその規制は、一般的にゆるい。あるいは異なった解釈があると言ってもいい。しかし刑務所の壁は決定的な切り方をします。そして切られて外と内がどう変わるのか。このことはどんな建築の場合にも問題になりますが、このハルデン刑務所を見ていると、どちらがまともな世界なのか。もしかしたら刑務所の壁の外のほう、僕たちが普通と思っている世界のほうが、異常なのかもしれない。建築の人間に対する働きかけの力というものについても色々思わせる作品です。

4番目のソーク研究所。これはルイス・カーンの設計です。僕の50年前の先生で、当時の映像が出てくるので懐かしくて胸が締めつけられる。カーンはまさに、建築の意志を聞けということを盛んに言った人です。映画でもそういう言葉が次々出てきます。また、ソーク博士もカーンの考えに一致したわけですね。僕が働いていたときも一度ソーク博士が来たことを覚えていますが、科学者が科学を探求することも、建築家が空間を探求することも、他の芸術家——例えばピカソが絵を探求するのもみんな同じだという点で、二人は一致した。ソーク研究所は今日でも生命科学の世界第一の研究所であるとされていますが、現在の科学者たちも登場してきて、科学者も自然の声を聞いて発見する、カーンが言っているのと同じだ、そういうことを言っています。

まあ、後のふたつはお任せしますが、そんなことで、今のは僕の頼りない感想でしたけど、そういう感想が止めどもなく湧いてくる映画。長いので、ちょっとくたびれる。でもくたびれるけれども飽きないね。

建築は本当に話すのか？

長島　今日、始まる前にすこし打ち合わせをしまして、先生にはぜひこの映画を誉めてくださいとお願いしたんです。批判は私がしますからと(笑)。いや、もちろん私自身も興味深く観たのですが、それは２０００字くらいの文章に書いて、インターネットで公開されているので、それをご覧になってください（「建築と文化をめぐる短い考察」webDICE, 2016-02-12）。

私は最初にこの映画の設定を聞いたとき、いま先生が仰ったような意味で面白いなと思う反面、半分くらいは、うーん、うまくいくのかな、という感じもありました。というのは、建築が言葉と一対一で、ひとつの意識を持って、言葉を話すことが本当にありえるだろうか、建築というのは言葉にならないものを含んでいるからこそ建築なのではないか、そんな気がしたんです。例えば映画のなかでこういう言葉がありました。

「毎朝 彼らが来る前に私は不安にかられる／〝今日は みんなが私に興味を失い来ないのでは？〟と」（第6話「ポンピドゥー・センター」より）

「彼ら」というのはお客さんです。つまりいつもは毎朝行列ができるのだけど、本当に今日も来てくれるのだろうかと、建物が不安に思っている。これを字幕で見たときに、うーん、本当に建築がこういうことを言うだろうかと思いました。ポンピドゥー・センターの職員ならばこういうことを考えるかもしれない。でもはたして建築はどうだろうかと。

香山　いちばんの問題は、建築が誰にとっても共通なひとつのメッセージを発しているのか。これは大きな問いです。翻ってみると近代建築は機能主義を標榜しました。機能というのは意味ですから、言葉とも言える。すなわち言葉に従って建築を作れと言ったわけです。しかし今日では、それでうまくいくとは誰も思っていないですね。そんな決定的なことは言えない。先ほどの刑務所はかなり決定的な機能を持っていますが、それでも中の使い方を見ると、一人一人それぞれです。すなわち幅があるということでしょう。

建築はなにかは言っている。その受け取り方は人によって違うかもしれない。しかしまた、まったく違うというわけでもない。例えば僕が良いと思うものを、あなたも良いと思う、別の人も良いと思う、でも誰かは良いと思わない、そういうかたちで世界は成り立っている。それがまったくバラバラだと世界は成り立たない。だからそれがどういうかたちで成り立っているか、これは面白いことですね。それはまさに長島さんが提起された問題で、建築はなにかを語っているとは思いますが、それがどの程度の幅を持っているのか、どういうふうに受け取られるのか。世の中、ものを作る面白さはみんなそこに係っている。

これが法律みたいなかたちになるとつまらない。この頃の建築は、法規やなにかで決まることがすごく多いわけです。これは建築を殺す。例えば身障者のためのスロープは1／20以下の傾斜でなければいけないという。そうでもないですよ。人によって、場所によって、色々ありえる。あるいは手すりの高さは1100㎜以上にしないといけない。でも1100㎜だって落ちる人は落ちるし、45㎝でも幸せに暮らしている人もいるわけです。ですから法規みたいにひとつひとつきちっと型に嵌めるのは、逆に悪い言葉だと僕は思う。このポンピドゥー・センターの一言も色んなことを考えさせますね。

長島　あのセリフを考えると、本当に建築がこんなことを言うかなと思うのと同時に、でもポンピドゥー・センターだったら言うかもなという気もしなくもない。やはりその意味でポンピドゥー・センターも、あれはスタイルとしてはモダニズムというよりポストモダンと言われますが、ひとつの機能や目的があってそれに建築が対応しているという意味では、大きく言ってしまうとモダニズムなのだと思います。お客さんに来てもらうのは建物の大きな目的のひとつだから、もしかしたらこういう言葉も話すのかなという気もする。ただ一方では、やはりそれ以外の色んなことも、ポンピドゥー・センターにしろ他の近現代の建築にしろ、その存在に含んでいるのだろうと思います。だからこの映画の「建物が話す」というテーマは、先ほど先生が言われたように、監督や制作者に「建物の声に耳をすませる」という行為を要求するものだった。

現実のものごとから乖離する言葉

長島　この辺りで映画からすこし話を広げていきたいのですが、この「ものごとの声に耳をすませる」ということが、今の世の中では軽視されているように感じています。「言葉」という日本語の語源は「ことの端《は》」だそうですね。つまり、ものごとのすべてを捉えることなんてできず、あくまで端っこにすぎない。でも最近の言葉は、そういうふうに現実の端っこを捕まえようとさえしていなくて、言葉自体が物質的に自律して、現実から乖離した観念が先行するような使われ方をしている。そういう傾向が強い。

例えば「歴史」と「伝統」という言葉はどうでしょうか。どちらもすごく重要なものであると、一般的にも言われています。僕自身、まさに先生にインタヴューさせていただいた去年の『建築と日常』No.3-4では歴史をテーマにしていましたから、もちろん大事だとは思っている。でもいま世間で歴史や伝統と言われているものが本当に信用できるのかどうかというと、かなり疑問がある。だからこそ、あの特集号を作ったわけですけれども。

例えば建築の分野でいうと、つい最近もそういうプロジェクトが話題になりましたが、「日本的なもの」とか「日本らしさ」をコンペやプロポーザルで求めたりする。これは往々にしてあまり楽しいことにはならないなと思います。去年、ある東京の市の市庁舎のプロポーザルがあって、2次審査が公開で行われたので、興味を持って見に行ったんです。当然そこでも設計の要項に「この市らしい建築」というのが入っている。5案ぐらいあるうち、1案だけ超高層の案があったのですが、そのプレゼンのとき、審査員が聞くわけですね。「この案のこの市らしさはどこにありますか?」と。多少記憶に誤りがあるかもしれませんが、聞かれた建築家が答えたのは、まずひとつ、超高層なので細くて高い、そうすると地上レベルで空地を多く取れる。で、その市というのは市民活動が活発らしく、その空いた場所で色んな活動ができる、だからそれがこの建築案の「この市らしさ」ですと答えた。もうひとつは、超高層なので上に展望台がある。そこから富士山が見えたり、その市は競馬場がある市なのですが、そこから競馬場が見えたりする。だからそういうものが見えるのも、この建築の「この市らしさ」ですと。

そういうことを言われたんです。地上にオープンスペースがあったり、高いところから遠くを見渡せるというのは、どちらも建築の価値だとは思うのですが、そのことを「この市らしさ」という理屈で建築の専門家が言い合っている状況に、なんだか虚しいなという思いがしました。

香山　大きな問題が出されましたね。歴史と伝統は、日常的に生きていて、毎日なんらかのかたちで考えないといけない問題でもあるし、建築の設計でも、自分のなかで問答したり、あるいは所員と絶えず議論する大テーマです。基本的な考え方は、さっき提起された問題と同じで、言葉がなにかひとつ意味を持っているとしても、その中身は状況や人によって色んな幅を持つ。良い言葉はむしろそういう幅を持っている。

僕たちは歴史にがんじがらめになっている。これは僕の大前提です。とりわけ建築家のように美というものを扱うとき、美はどうやって規定できるか。いかようにも規定できない。唯一言えることは、人間はある共通の過去を持って生きてきた、このひとつしかないんですね。近代のなかで美の根拠を説明しようとした試みはいっぱいあります。すでに古代ギリシア人もやった。比例だとか、心理学だとか、色んなことを考えたけれど、すべて失敗したと言っていいと思います。

人々がなにを美しいと思うのか、科学的には説明しえない。説明しえるのは、僕たちの底に、僕たちの判断を作ってきたものが、なにか共通にあるということしかない。それが根本の意味での歴史と伝統です。僕たちは同じものを見て育ってきた。同じ建物を見たり、同じ音楽を聞いたり、同じ雲や同じ夕日を見て「いいなあ」と思ったことがあるから、誰かの絵を見て「いいなあ」と思うんですね。それが共通にあるからこそ、建築家は一生懸命提案してね、まあ駄目だっていう審査員もいるかもしれないけど、多くの市民は良いと言ってくれるだろう、あるいは自分が死んだ後でも何人かの人は良いと言ってくれるだろう、そう思って一生懸命やるわけです。しかし、それは定義しえない。僕たちの言葉の狭いところで定義しようとすると、しばしば食い違う。それが歴史と伝統という言葉が持っている問題です。大ジレンマを抱えている。言葉を極端に狭く定義して、例えば障子を使えば日本的と言ったって、今はそんなものどこにでもあるわけでね。軒下に格子を使えば日本的と言っても、まあそういうものもあるかもしれないけど、そうでないものもたくさんある。

長島　やはり現実に先立って「日本的なもの」とか「日本らしさ」があるわけではない。歴史や伝統というのは、例えば「このプロジェクトは伝統でいこう」、「このプロジェクトは革新でいこう」、そういうふうに選択可能なものではなくて、とりあえず精一杯やってみて、その後に出てくるものだという気がします。

「都市」と「景観」という言葉の使われ方

長島　次に「都市」と「景観」はどうでしょうか。これも歴史と伝統と同様に重要で、ぜひ考えなければいけないと、建築界隈で言われる言葉です。でもよく考えてみると、例えばかつて「東京はカオスである」とよく言われましたが、それは東京都の村や南の島のほうまで含んでいるのか、それとも23区限定なのか、吉祥寺や町田は入らないのか。その辺のはっきりとしたかたちを都市は持っていないわけですね。これについては、先生が以前に書かれた文章がありました。

「都市の性格は、極めて複雑多様であるがゆえに、誰しもある観点において論を立てることは可能であり、かつ容易でもある。都市は現実としてよりは仮象として存在している場合が多いゆえに、その論は責任を問われることなく、空想的でもあり得る。」（香山壽夫「都市」『建築論事典』日本建築学会編、彰国社、２００８年）

言葉は悪いですが、歴史や伝統と同じように、捏造することもできるようなものが都市であると。景観はまたすこし意味合いが違いますが。

香山　都市も最近、中身がないというか、中身が色々であるにも拘わらず大手を振るっている言葉ですね。この頃、確かに建築のデザインについて議論がしにくい。共通の価値基準がない。だから「都市的なコンテクストからするとこれが正しい」と言われがちですが、これもね、実際はなにを言っているか分からないことが多い。すなわち、建築のデザインで一致できないのなら都市という言葉を出せば一致するだろうというのも、空想にすぎないと言っていいと思います。

あと、景観という言葉はそれ以上にいかがわしい言葉でね（笑）。この頃それが法律にも使われて、景観条例とか景観審議会とか、これは本当によくない。建築には内部の空間に対して外部のかたちがあるということは、昔から誰でも知っていることです。それをあえて景観なんて言葉で言わないといけない理由はまったくないと思うんです。建築は繋がっている。すなわち、それが建つ場所には丘や川があったり向こうに山が見えたりするだけでなくて、多くの場合、隣に建物が建っているわけですから、そういうものと一緒に考えるというのは昔から言われている大事なことです。もちろん、みんなが大事に守っているかどうかは別ですが。景観は土木のほうから出てきた言葉なんです。会場に土木の方がいらっしゃったら後で怒られるかもしれないけど、景観という言葉でルールを作って、それで街を良くしようという善意があるとしても、それは結果的に、多くの場合、ものごとを歪めるかたちになっている。

長島　若干補足をしておくと、景観とよく似た言葉に風景という言葉がありますね。風景のほうがもうすこし昔から使われていた。

香山　ああ、そうね。あれは良い言葉だ。風景はlandscapeの訳語として生まれたものですが、それまで無意識だったものを意識的に捉えるという姿勢が根底にある。

長島　風景というのは、原風景という言葉があるように、ある主体、それが個人であるか共同体であるかはともかくとして、その主体と山なり川なりのお互いの間にあるようなものを指す。その意味では主観的なものです。それと区別するために景観という言葉が使われているのだと思いますが、景観は誰が見ても良い悪いがはっきりしているような、ある種の客観的なもの。現実の社会のなかで、そうした確かなものを根拠にしたいという思いから、きっと景観という言葉が使われるようになった。しかしそうして現実を言葉の枠に嵌めようとすることで、むしろ現実とずれを感じるようなことが起きるのかなと思います。

今、「歴史」「伝統」「都市」「景観」といった言葉を話題にしてきました。いずれも言葉が現実に先立って、観念的に使われがちであるという例です。最後にもうひとつ、先生の本から一節を紹介しておきます。私たちが個々の建築のデザインについて語るときも、そういう観念的な言葉を使ってしまっているのではないか。これも痛烈ですが、考えなければいけないことだと思います。

「私たちがたとえば、コルビュジエ的造形と言ったり、ミース的空間と言ったりする時、ほとんどの場合、誰もがそれは共通に理解されたとして、議論を先に進めますが、同じことを皆言っているのか、同じものを見ているのか、多くの場合全く不明であります。」(香山壽夫『建築意匠講義』東京大学出版会、1996年)

ルイス・カーンの「沈黙の声を聞く」

長島　さて、ここまではどちらかというと言葉をネガティヴに捉えてきました。こういうことを否定してしまうと、もうなにも喋れなくなってしまうのではないか。私自身そう思ったりもするのですが、ここですこし方向転換をして、言葉と建築、あるいは言葉と物の、良い関係を考えてみたいと思います。そのときの道しるべにしたいのが、先ほどから名前が挙がっているルイス・カーン、香山先生の先生ですね。20世紀の後半に活躍したアメリカのユダヤ人建築家。そのカーンが「沈黙の声を聞く」という言い方をしています。これは『もしも建物が話せたら』のキャッチコピー、「無口なものこそ雄弁だ」ともどことなく通じる、矛盾をはらんだ言い方です。はたして沈黙しているのに声が聞こえるのかどうか。カーンはおそらく、今お話ししてきたような、現実に先立って使われる言葉を批判して、現実そのもの、物そのものに向き合うべきだということを言ったのだと思います。物はそんなに大声でがなり立てているわけではない、でもそこにちゃんと耳を傾けることが大切ではないかと。

香山　カーンがこういうことを言い出した根本は、まさに長島さんが言われたところにあると思いますね。僕もどこまで正確に言えるか分かりませんが、彼が言いたかったことは、まさに建築には言葉がある、そしてそれは人間に共通に伝わる言葉としてあるはずだ、ということでしょう。そうやって人間はずっと作ってきたわけですからね。日本の様式があったときでも、ヨーロッパの古典的な様式があったときでも、ゴシックの様式があったときでも、みんなそれを共通に理解して建ててきた。その声がなくなったのはいつからか。簡単にいえば近代からです。みんなわけが分からなくなってしまった。ですから「機能」という概念に寄りかかったり、「社会」とか「都市」とかに寄りかかれば繋がれると思ったのだけど、どれもなかなか頼りにならない。コルビュジエでもミースでも、善意に解釈すれば、そういう言葉を作ろうとしたと言っていいと思いますが、実際はできなかった。

言葉というのはある程度習えば下手でも使えるわけです。誰でも喋れるようになる。ゴシックの建築は、細かい色々な違いはありますが、ゴシックの方法を習えばゴシックの建築が作れた。古典主義の時代には、ルネッサンスの人たちが定型化したギリシア・ローマのかたちをきちんと習った。学校で文法を教えるように、例えばフランスのエコール・デ・ボザールはそうやって教えていたわけです。パリを埋め尽くしている古典主義の美しい建物も、そういう教育システムが作り出した。そうやってヨーロッパの近代の都市はできていた。しかし、いま行くと、新しい地区にはそれがない。パリの中心部、ロンドンの中心部は、今も昔と変わりません。僕が50年前に入ったパブに行くと、もう涙が出るくらい、カウンターまでまったく変わらないですね。だけど郊外はもう玩具箱をひっくり返したのと同じです。

ここから先は意見が分かれて、それがいいんだと言う人もいるかもしれない。要するにもうみんなギャアギャアと奇声を発して、それが楽しいんだと、踊りたくなる、みんな勝手なリズムで踊ればいい、そういう考えもあるでしょう。しかしそれは言葉として原始的な状況に戻っているということです。そしてカーンは、そこでもう一回きちんとした言葉を持たないといけないと思った人です。彼の「沈黙」という言葉は、そこに向かっている。僕たちに聞こえていないけれども言葉は発せられている。だからみんながそれを理解するようにしたら、すこしずつ共通の言葉ができるのではないか。

これはカーンが一生をかけて依拠した聖書から来ていることです。旧約聖書にはどれだけ神の言葉が出てくるか。神は僕たちにはっきりと話されている。しかしその言葉はほとんど分からない。日本でも遠藤周作が『沈黙』（１９６６）という小説を書いたでしょう。苦しくて苦しくて、神様にどうしてくれるんですかと何度も聞いても、神は答えない、沈黙しているという話です。あのとき日本のカトリックの人たちは、なんて反キリスト教的な物語を書いたのだといって遠藤周作を非難しました。しかし神は沈黙しているんです。しかしなにかを発している。それが分からない。「神よ、なぜあなたは黙っているのですか」というのが絶えず旧約のなかで響く言葉です。カーンだけでなく、ユダヤ人は僕も友だちがたくさんいましたが、旧約聖書はユダヤ人の学校でみんな暗記するものでした。だからカーンの言葉遣いの根本にあると僕は思っています。語られているのだけど聞こえない。その声をあると思うか、ないと思うか。態度としては両方ありえるでしょう。これは今後の世界を考える決定的な差だと思いますね。

長島　カーンの「沈黙の声を聞く」というのが具体的にどういうことなのか、レクチャーなどで語られた有名な例をふたつ紹介をします。

「あなたは煉瓦にこう問いかけます。『あなたは何になりたいんだ』と。煉瓦は答えます。『私はアーチが好きだ』。」（『ルイス・カーン建築論集』前田忠直訳、鹿島出版会、1992年）

「男は開口をつくろうと壁を打ち破りました。壁は『私はあなたを守ってきたのに』と泣き叫びました。そこで男はこう言いました。『あなたが私に尽くしてくれたことはよく分かるが、しかし変化のときが来ていると私は感じるのだ』と。／壁は悲しく思いました。そこで男はある素晴らしいことに気づきました。男は開口部に架かる優美なアーチを思い描き、壁を称えました。壁はそのアーチと注意深くつくられた開口部の抱きを喜びました。」（同前）

これは煉瓦であったり、壁や窓であったり、建築の素材や部位など部分的なものですが、おそらくカーンは、例えば学校はどうなりたがっているのか、修道院はどうなりたがっているのかといったように、ひとつの建築のレベルでも、こういった問いかけをしながら設計をしていたのだと思います。

京都会館の改修工事をめぐって

長島　ところで先生が設計を手がけられたロームシアター京都が、この1月にオープンしました。ご存じの方も多いと思いますが、これは京都会館という、前川國男さんが設計して1960年に完成した建築の改修計画です。建物の都市的な骨格を残しながら劇場の機能や空間の在り方を更新した。まさに改修というのは、新築にも増して、既存の建築や環境の声を聞き、それに現在を生きる自分がどう応えるかという行為ですね。

香山　京都会館の改修は、今日お話ししてきたことの大きさからいうと、ささやかな事例です。でも先ほどの建築の言語、モダニズムのヴォキャブラリーはなんなのかということ、これは一般論として議論しても答えが出てこないというのが、僕のこれまでのところの結論です。すなわちこういう具体的な実践を積み重ねていかないと出てこない。

京都会館は戦後の日本の近代建築の傑作ですね。上野の東京文化会館の1年前にできた、前川さんの建築のなかで兄弟とも言える作品ですが、二条通に面して寺院建築のような柱梁のピロティをくぐって入る中庭、その中庭から岡崎公園への抜け、そういった都市との関係は京都会館のほうが断然に面白い。この実際の建物を前にして、僕たちはどこまで自分たちの力が及ぼせるか格闘したわけです。いったいこの建築のヴォキャブラリーはなんなのか。例えば大きな特徴である反り返った大庇、バルコニーの手すり、それから今言った都市に対する構え。そういったいくつかのことが、1960年代の前川さんの基本的な言語だったと、僕たちは捉えたわけです。そしてそれを可能な限り継承しようと努力した。もちろんこれは建物のひとつの捉え方にすぎないわけで、これについても色んな意見があるでしょう。しかし言いたいのは、こういうことを繰り返していくなかで、20世紀から始まった近代建築の言語がひとつの形式として確立されていくだろう、ということです。

というのはですね、古典主義の言語はまさにそういうふうにしてできたわけです。古代ギリシアや古代ローマの人たちがどういう議論をしていたかは、実際には誰も分からない。15世紀、ルネッサンスの人たちが古典建築をもう一度作り直そうとしたとき、建築家によって「これが正しい」「あれが正しい」と言い合いながら、みんなが色々いじっているなかで、200年かけて古典主義の言語はできあがった。ですからもしもモダニズムの言語がありうるとしたら、こういう個別的な修理、保存、改修を積み重ねていくなかでしかできていかないだろうと思っています。

長島　京都会館は、保存か改修か建て替えかというところで、かなり議論になって、保存運動も起きました。私自身は改修されたものもまだ見ていなくて、なんとも言えないのですが、例えば建て替えた大きな劇場部分は、四角いヴォリュームが上に伸びて、一番高いところで前よりも4mくらい高くなっている。それに対して、計画を批判する団体からは、「10階建てのビルに相当する巨大な舞台の建設によって落ち着いた景観も破壊され」てしまうという言葉が発せられたりもした。ただ、建物の変化自体はまぎれもない事実だとしても、それが本当に、そこに暮らす人たちの風景を決定的に変えるのかどうか。まさに先ほどの景観という言葉のレベルだと変わるわけです。人間の視界を占めるパーセンテージは増す。しかし完成したものの写真を見る限り、人々の日常にとって、僕にはそれほど重大な変化であるとは思えません。

一方で、その場所の文化やその場所の日常を生きていない僕にとって、最終的にその変化が重大か重大でないかを判断することはできないとも思うんです。だから意見を言えずに口ごもってしまう。ある建築がその場所に生きているとするなら、それは文化的環境、社会的環境、政治的環境の複雑な網の目のなかを生きているのであって、その外にいる人間が軽々しく言葉を発することはできない。これは今日お話ししてきた、現実から乖離した言葉の問題とも通じることだと思います。

香山　建物は骨董品ではないんですね。「いじるな」なんていうことは誰も言えない。生きて使わない限り建物はいずれ壊されてしまう。唐招提寺の屋根を僕たちは綺麗だと言いますが、あれは初期の屋根とはまったく違います。初期はもっと勾配のゆるいものだった。それが雨漏りをするから直し直し12回重ねて今のかたちになっている。ですから、建物は直すことによって生きていくものなんです。ちぐはぐとかなんとか言ったって、直さないといけない。建物の直し方の良し悪しは議論すべきでしょう。しかし使えないような状態になっているのを、大切な建物だからいじるなと言っているだけでは、壊すと言った人のほうが勝ちになります。

長島　最後にもうひとつ用意してきた言葉がありました。おそらく同じようなことは色んな人が言っていて、誰の引用でもよかったのですが。

「言葉は私達の生れる前から存在し、長い歴史を生きて来たのであり、私達は日本語といふ大家族の一員として生れた新参者なのである。とすれば、私達は言葉を学ぶのではなく、言葉が私達に生き方を教へるのである。」（福田恆存「言葉は教師である」１９６２年、所収＝福田恆存『保守とは何か』浜崎洋介編、文藝春秋、２０１３年）

この指摘自体が非常に興味深いのと同時に、ここで言われている「言葉」は、「建築」に置き換えてもまったく成り立つのだと思います。今日は建築と言葉の違いも問題にしてきましたが、建築も言葉も、どちらも過去からの連続のなかで現在の人々が生きる日常を支えている。

最後にまた映画に戻れば、ヴィム・ヴェンダースが監督した第1話のベルリン・フィルハーモニーの言葉、「建物はあなたが考える以上に世界に影響を与えている」も、そのことに繋がっている気がします。

香山　この福田恆存の文章は、長島さんが引用するということはまったく知らなかった。でもこれは、僕が京都会館の改修について言いたかったことに、まさに重なっています。すなわち、近代建築に形式があるとすれば、それは「近代建築とはなにか」と観念的に議論してもなにも出てこない。近代建築の作品自体を実際に直したり体験したりして、そのなかで初めて出てくる。

僕たちは単に言葉を学ぶのではなく、言葉と真剣に向き合うなかで、言葉から教えられる。建築もまさにそうだと思うんです。建築も言葉と同じく、僕たちに生き方を教えてくれる存在だと思いますが、それを単に知識として学んだり、時の流行としていじくりまわすだけでは、そこからいちばん大切なことを教わることはできない。とすると僕たちに今問われているのは、単に建築のモダニズムの問題ではなく、僕たちの建築に対する向き合い方、すなわち、とりも直さず僕たちの生き方そのものではないか、そのように思えてきます。

私の失敗——失敗は無い方がいい、しかし挑戦は必要だ

失敗とは何か

失敗は誰でもする。失敗は成功のもと、ということも知っている。機械工学の権威、畑村洋太郎教授の「失敗学」なる研究もあり、日本軍の「失敗の本質」なる本は、今日政治家が競って読むものらしい。

ところが改めて建築において、失敗とは何なのか、と考えてみると、これはなかなか難しい問題であることにすぐに気が付く。サッカーでゴールを狙ってボールが枠を外れたら、失敗だ。これははっきりしている。ゴールという目標が誰にとってもはっきりしているからだ。ところが、建築においては、そのゴールからしてはっきりしていない。

建築の部分的な目標ではっきりしているものもある。安全性とか、快適性とかいった技術的要件がそうだ。したがって、そういった個々の技術的必要条件を満たしていない場合、それは失敗といえる。たとえば、突然天井が落ちた美術館とか、日差しが強すぎ日傘をさして本を読んでいる図書館とか、そういう建築であれば失敗の好例だが、幸か不幸か、私にはそういうものをつくった経験がない。

しかしながら、屋根の雨仕舞の失敗、壁や天井の断熱の失敗、窓回りの日射や換気の制御の失敗といったものはいくつもある。40代半ばになった時、自分の家を造った。「千ヶ滝の山荘」である。20代半ばアメリカに留学した時、ルイス・カーンの下で経験したエシェリック邸の窓廻りのデザインや、あちこち見てきた伝統的な建築空間や細部を、自分なりに再解釈する機会だということで、予算もないのにいろいろな試みをやった。山荘全体のかたちは、4間×4間の正方形平面、その上に直交する切妻屋根がのっている2階建で、斜面に立っているから、正面からは3層の建築になっている。軒は出していない。予算が無いことを理由にしたが、実はそれが理由ではない。本当の理由は、軽井沢の別荘に多く見られる軒の深いかたちが、陰気で湿っぽくて、甘ったるくて嫌だったのだ。影を落とす陰気な深い軒など、ばっさり切り落とすぞ、と決意していたのだ。

確かに秋冬は日差しがさんさんと入って、まことに気持ちが良い。夏のはじめ、別荘を開くときのお定まりのあいさつ、「お宅様、今年のカビの具合はいかがです」は、全くわが山荘については不要だった。しかし、夏は暑い。軽井沢といったって夏は夏だ。やはり、夏の日差しは防ぐ仕掛けがいる。なんとか、ブラインドとスクリーンで凌いでいたが、軒の庇がなんといっても効果的だ。そのことは、骨身にしみて納得して、その後増築した部屋には、充分な軒の出をとっている。

十寸勾配、すなわち45°の勾配で立ち上がっている屋根の下側は、そのまま2階になっている。この空間がまた暑い。屋根面と天井面の間の断熱が不充分で、かつ換気もとれていないからだ。夏の夜など、暑くて寝られないと娘達は嘆いていた。近年、屋根の鉄板が劣化してきたので、その上に、二重に屋根をのせた。これで、屋根の断熱不足の問題は解消し、快適になった。こういった失敗は、要するに経験不足、未熟ということに他ならない。

山荘を建てた3年後に、東京千駄木に自邸を建てた。これは狭い敷地に、同じくローコストで、都市の住宅のひとつのプロトタイプをつくるつもりでやった。ここでも、断熱には失敗した。構法を、今日的な工業化部材を用いて単純化しようとして、屋根は断熱材をはさみこんで、鉄板をのせるだけでつくったのだが、これも断熱が不足して暑い。太陽の熱射がそのまま、室内に伝わってくる。ここでもまた、娘達を嘆かせることになった。それに加えて、1階床の断熱、防湿にも失敗した。1階コンクリートの床が空気層無しで、直接地面に接していることが原因なのだが、その理由は前面道路からの斜線が、正面屋根に当たって、階高を下げる必要があったからである。正面の切妻に固執せず、平入りにしていれば、階高に余裕が出ることはわかっていた。「かたちに対するこだわり」、といえば格好いいかもしれないが、はっきり言えば、若い自分に造形力が足りなかった、建築のヴォキャブラリーが貧しかったのである。

しかし挑戦はせねばならない

建築には、それを成立させる条件というものがある。その条件の中で、最適な解答を生み出す作業が設計である。条件を無視したり、適合していない解答は、失敗ということになる。しかし、無理とわかっていても、やりたいこともある。やらねばならない時もある。それが建築だ。機械工学とは違うところだ。

１９７４年、東京大学本郷キャンパスのゴシック様式の建物の屋上に、屋根階を増築する計画が始まった。アメリカ留学を経て、東大に戻ってまだ間もなかった私は、奮い立った。

その頃は、今のように「保存再生」などという考えが、一般化していない時だった。１９６０年代の経済成長時代の延長で、古い建築はどんどん壊し、新しくするものだと誰もが考えていた。本郷でも、古い美しい建物が次々に消えている時だった。なんとかこうした動きを食い止めなければならない。その初めての機会に私は興奮した。

古い様式建築に増築するのなら、同じ様式で、同じ素材でやるべきという考えもあったが、私は新しいかたち、新しい素材を用いて、対比的な調和をつくり出せることを示したかった。構法的にも、建物を使用しつつ、工事を可能としたものであった。鉄骨をPC版の躯体とコールテン鋼、ガラスブロックで包むというかたちは、そのようにして生まれたのである。この形態はうまくいった。新しいかたちでありながら、古い様式建築の屋根階に通じるものだったから、素直に受入れられ、他の学部の建物の上にも次々とのせられるようになった。

しかし、最初の建物である工学部6号館の実施設計の最中に、突然の物価高騰、いわゆるオイル・ショックがやってきた。物価は日に日に上昇し、積算し直せば、し直している間に値が上がる。何度やり直しても合わない。何を断念するか。コールテン鋼か。いや、それをやったら設計の本質が消失する。私は、その裏側の断熱層を外し、更に空調設備を捨てた。それでなんとか工事は落札し、建物の外観は意図どおりに完成した。

しかし、内部は暑くなった。追加工事はなかなか認めてもらえず、2度目の夏がきた。建物の中にいる人達の不満は爆発しそうになった。学会賞の候補作品に挙げられ、審査委員が現地審査に来たのは、まさにその時だった。不満と怒りは的はずれにも、審査の委員に向けられ、仰天した先生方は、「賞に適せず」という結論を出した。

私も落胆したが、一番悔しがられたのは歴史の稲垣栄三先生である。開発論が大勢を占める中で、保存論を主張し、孤軍奮闘なさっていたのが先生だったからである。私は、「まあ仕方ないか」、中途半端な妥協をせずに良かったと、勝手に自分を慰めていた。

実際、あの時妥協せず、挑戦の姿勢を貫いたからこそ、本郷キャンパスの保存再生の道はより、確かになって今日に続いているし、建物の保存再生を望む声は、本郷だけにとどまらず、今や広く、全国的なものとなっているからである。

建物は失敗しない方がいい。しかし、失敗と分かっていても、やらねばならない時もある。

千駄木の町屋（東京都文京区）
明治に開発された町屋の並びに建てられた。鉄骨造で、軽量コンクリートパネルの外壁。

東大工学部6号館の増築（東京大学本郷キャンパス）
昭和始めに建てられた擬ゴシック風の建物の屋上に、鉄骨構造とコールテン鋼の外皮で建てられた。

山の向うのもうひとつの日本

山の中の学園

昨年、二〇一八年の秋、山形県の山奥、新潟県との県境に近い小国町にある高等学校、「キリスト教独立学園」、で短い講義をした。生徒達が修学旅行で函館トラピスチヌ女子修道院を訪れた時、私が作ったテラコッタの壁画を見て、興味をもってくれたことがひとつのきっかけであった。ここには、三十年程前に、小国町出身の建築家、本間利雄さんの案内で訪れたことがある。本間さんは、長年にわたってこの学園を、わが家のように世話してきた。その学校が時を経てどのように育っているのか、この目で確かめ肌で感じたいということも、もうひとつの大きい理由であった。

山形県の西、飯豊山に向って、深い山に分け入っていくと、やがて明るい小さな谷に抱かれて、学園の建物の群が木の間がくれに現れてくる。学園は、内村鑑三のキリスト教の無教会派の精神で建てられた、全寮生の高等学校である。生徒達も、そして先生達も、この山に囲まれ都会からは遠く離れて、自給自足といってもいいような、学びそして働いて自らを支える毎日を送っている。

その生活は、質素にして健全、生徒達も皆、明るく活発である。学園の谷に入り、車を下りた瞬間に、そのことは、全身に感じられるが、小さな講堂——これは本間さんの最後の作品のひとつ——に入って、集まっている生徒達の前に立つと、その感はさらに強くなる。

私は建築や彫刻に取り組んでいる時の自分のことを、例に話したのだが、皆、身をのり出し、目を輝かせて聞いてくれた。まことに嬉しい手応えであった。いろいろ質問もあった。そのなかにこういう質問があった。

「先生、スランプってありますか。その時どうしますか」

その目は、まっすぐに私を見、その言葉にはなんのてらいもなく、心の底から噴き出てきたようなひたむきさがあった。

「スランプね。苦しいね。若い時は、しょっちゅうあったね。どうしようもないね。夜中、暗闇に向って絶叫したりしたね。その時はどうしようもない。しかし、不思議なことに、スランプはある時、ふっと終るんだ。雨がふっと止んで日が差すようにね。で、それまでどうするか。それは待つしかない。でも、どう待つか。僕はある時、手や体を動かす仕事に集中するのが、いいことに気づいた。なんでもいい。床の雑巾がけでも、道端の草取りでも、絵や字をかくのでも、なんでもいいんだ。とに角じっとぼんやりしていないで体を動かして、なにかひとつのことに集中するんだ。するとね、気が付くと、スランプは終ってる。もう黒雲はなくなって、日が差しているんだ。不思議だね、自分の力じゃないと思う。誰かが、くださるんだ。何か、どこかにいる、目に見えない、誰かがね。」

この生徒の純粋で真剣な質問によって私の方が洗われたような気持ちになった。

もうひとつの日本

明治維新になって、まだ十年という昔に、ひとりの外国人旅行者が、この小国の峠を越えて、山形にやってきた。イギリスの女性イザベラ・バードである。彼女が、毎日記した記録、そしてイギリスの妹に書いた手紙がまとめられて、一冊の旅行記として出版されている。こんな時代に、若い女性がひとりで(通訳の日本人ひとりはつれていたが)旅をしたことにも驚くが、この生き生きとした細部に及ぶ記述が示しているように、すでに江戸時代には、日本各地には、それぞれに豊かな文化があり、秩序ある生活があり、そしてそれ故に、安全であったことに感心する。彼女が記しているように、当時の日本はすでに決して未開・野蛮の国ではなく、ヨーロッパに匹敵する、いやそれ以上の、文明の国であったのである。

イザベラ・バードは、横浜に到着し、しばらく東京に滞在した。彼女は、横浜や東京の外国人居留地には、何も見るべきものはないと、全く興味を示していない。しかし東京を離れて、北への旅が始まると、彼女の興味、好奇心は燃え盛り、記述は活況を呈してくる。先ず日光に行き、そこから西に向って山を越えて、新潟に至り、それから北に上って、新潟の県境から米沢街道(この街道に面している関川の母の本家の前も通ったに違いない)を今度は再び東に向って、小国の峠をこえて、山形に入った。

山を越えて、日本の奥地に入ると、彼女は、そこに予想もしなかった美しい、豊かな文化の地が広がっているのを見て感動する。町の美しさ、人の礼儀正しさ、出会うひとつひとつに、魅了される。そして、「ここ、山の向うに、もうひとつの日本がある」と記すのである。

この「もうひとつの日本」という日本の文化の本質についての理解は、換言すれば、日本という国の文化の特色は、首都中心の単体ではなく、「小さな国のそれぞれの文化」の集合体として成り立っているという理解である。これは透徹した見識であると共に、これからを考えるための重要な認識でもあると思う。

イザベラ・バードから百年の後、エドウィン・ライシャワーは「日本人(“The Japanese”)」を著して日本文化の特徴を、広く論じたが、ここにも、同じ理解が、豊富な事例にもとづいて、明快に示されている。明治の目覚ましい近代化、にそしてまた、戦後の著しい経済成長を成し遂げた日本を、世界は「奇跡の復興」と呼んだが、彼は、それに対してその日本の達成には、なんの不思議もないと言いきった。なぜなら、日本は、すでに江戸時代において、多数の小さい国、それぞれの文化を持った「沢山の国の集合体」をつくっていたからで、そのことは同じく近代化を成し遂げたもうひとつの地域、西ヨーロッパに共通する文化的特質だからだ、と言ったのである。

では、今の日本で、この「山の向うの小さい国」はどうなってしまったのか。消えてしまったのならば、ライシャワーの考えを延長してみると、日本には、もう未来をつくる力は消滅していることになる。それでいいのか。

人を動かし、人をつなぐ建築

今の世の中を見渡してみれば、何が小さいのか、大きいのか、よくわからない。国の境、文化の境もどこにあるのか。どのようにあるのか、イザベラ・バードの時代のようには判然としない。それが、グローバライゼーションということだ、情報化の時代だと言う人もいるかもしれない。同じ「世界的」という形容詞で語られていても、全く違った様々なことが混在している。「グローバル」な世界経済、あるいは世界政治は、私達ひとりひとりをその巨大なわけのわからない力で押し流す。

一方、建築をつくる力、かたちを求める力は、世界中の人間のひとりひとりの心と体の底に潜んで、私達みんなを結びつけている。そして私達を大きく動かしてもいるのだ。人を人が支えあって生きていく姿、それを大切にする心は、今も昔も少しも変っていないことは、バードの紀行文が教えてくれる素晴らしいことのひとつだ。そしてその人のつながり、心と心のつながりをつくっている基本が、建築のかたち、町のかたちにあることも、そこから教えられるのである。それは同じ「グローバル」な力だといっても、国際経済や国際政治の大きな流れに抵抗する。政治と経済の流れの上に浮かんで流されていくのではなく、それに抗してつくることこそに、建築の存在意義があるはずではなかったか。生命の歴史を、環境の変化に対する適応と見るよりは、闘争、抵抗の歴史と見る方が、生命の尊厳の理解につながるように、建築の果たすべき任務は、政治・経済の流れの上で踊ることよりは、それに抗して立つことの内にあることに、ようやく私も気が付くようになった。

なぜなら、建築のはたらきは、自然、伝統、習慣の上に立って人と人のつながりをつくり、守ることにあるからである。そこにこそ、人を動かしていく建築の力があるからである。そういう建築によって、人と人のつながりという「小さい国」がつくられ、それが集まれば、それはやがて「大きな国」、そして世界になるかもしれない。「山の向うの小さい国」は実は建築を作る営みそのものの内に、小さくかくれているものなのではあるまいか。

二〇一九年七月一日　本郷の仕事場にて

香山　壽夫

初出一覧

I

- 言葉としての建築＊書き下ろし
- 限界国家日本、建築で何ができるか＊書き下ろし
- 「さまよい仕事」と「姿なき道連れ」＊函館トラピスチヌ修道院での講話（2019.4.23）をもとに書き下ろし
- 古きを訪ねて、新しくなる＊「approach」2018 春
- 見る、描く、考える——旅で学ぶということ＊「Bulletin」2016.9

II

- 出会った人、見つめた景色＊「KENCHIKU」2017 秋〜2018 夏
- プロフェッショナルとはどういうことか＊『高校生と考える世界とつながる生き方』所収　左右社刊 2016
- 私達の美しい都市をいかに作るか＊「京都市景観政策10周年」2018
- 近代建築の保存改修において何が問題か＊「新建築」2016.3
- 「建築の保存」——生かして使うことの大切さ＊「BELCA」2018 秋
- 現代建築の再生——何を、いかに、なすべきか＊「新建築」2013.1
- 建築と言葉の関係について＊10＋1 website、2016.4（http://10plus1.jp/monthly/2016/04/pickup-01.php）
- 私の失敗——失敗は無い方がいい、しかし挑戦は必要だ＊「住宅特集」2017.5
- 山の向うのもうひとつの日本＊書き下ろし

香山　壽夫（こうやま　ひさお）

建築家、香山壽夫建築研究所代表、アメリカ建築家協会名誉会員、日本建築家協会名誉会員。1937年東京生れ。60年東京大学工学部建築学科卒業。65年ペンシルバニア大学美術学部大学院修士課程修了。68年九州芸術工科大学助教授。71年東京大学助教授。86年東京大学教授。工学博士。97年東京大学名誉教授、明治大学教授。99年ペンシルバニア大学客員教授。2002年放送大学教授。2007-12聖学院大学教授。

作品　九州芸術工科大学、相模女子大学図書館、曽我・平澤記念館、関川村歴史資料館、彩の国さいたま芸術劇場、聖アンデレ教会礼拝堂、東京大学工学部一号館改修、東京大学数理科学研究科、東京大学弥生講堂、可児市文化創造センター、野々市町庁舎、国立科学博物館改修、函館トラピスチヌ修道院　旅人の聖堂、聖学院大学礼拝堂、日田市民文化会館、同志社中高等学校、伊藤国際学術研究センター、東京大学法学部三号館増築、神奈川芸術劇場、穂の国とよはし芸術劇場、久留米シティプラザ、太田市民会館、ロームシアター京都（改修設計）など。

著書　「建築家のドローイング」、「建築意匠講義」（東京大学出版会）。「建築家の仕事とはどういうものか」、「ルイス・カーンとはだれか」「人はなぜ建てるのか」「プロフェッショナルとは何か」（王国社）。「建築を愛する人の十二章」（左右社）。「建築のポートレート」（LIXIL出版）など。

訳書　P・フランクル「建築史の基礎概念」（鹿島出版会）。「建築家の講義　ルイス・カーン」（丸善）など。

受賞　日本芸術院賞、日本建築学会賞、村野藤吾建築賞、建設業協会賞、公共建築賞、アメリカ劇場建築協会賞など。

人を動かす設計術

2019年9月30日　初版発行

著　者——香山壽夫　
発行者——山岸久夫
発行所——王　国　社
〒270-0002　千葉県松戸市平賀152-8
tel 047(347)0952　　fax 047(347)0954
郵便振替　00110-6-80255
印刷　三美印刷　　製本　小泉製本
写真・図版——香山壽夫
装幀・構成——水野哲也（Watermark）

ISBN 978-4-86073-070-3　*Printed in Japan*

王国社の建築書

建築家の仕事とはどういうものか	香山壽夫	つくる手ごたえをもとめて、建築の根源を見つめなおす。	1900
人はなぜ建てるのか	香山壽夫	建築とは、今ここにいる私と誰かをひとつに包むこと。	1900
プロフェッショナルとは何か	香山壽夫	建築家歴50年の著者が長持ちする秘訣を熱く伝授する。	1850
構造デザイン講義	内藤廣	建築と土木に通底するもの。東京大学における講義集成。	1900
環境デザイン講義	内藤廣	東京大学講義集成第二弾—環境を身体経験から捉える。	1900
形態デザイン講義	内藤廣	東京大学講義集成第三弾—使われ続ける形態とは何か。	1900
原っぱと遊園地1・2	青木淳	人が動くことで中身が作られる建築。注目の建築論集。	各2000
建築について話してみよう正・続	西沢立衛	価値観や生き方が「建物の使い方」に強く現れること。	各1900
人の集まり方をデザインする	千葉学	建築の設計において最初に問うべきテーマを考察する。	1850

数字は本体価格です。